哲學諮詢師　怎樣解讀人生課題

# 哲思人話

本創人文 08

# 哲思人話

作　　者：香港哲學諮詢師協會
策劃統籌：何紹源
編輯整理：李民政
責任編輯：黎漢傑
封面設計：Lo Sau
內文排版：陳先英
法律顧問：陳煦堂 律師

出　　版：初文出版社有限公司
　　　　　電郵：manuscriptpublish@gmail.com

印　　刷：陽光印刷製本廠

發　　行：香港聯合書刊物流有限公司
　　　　　香港新界荃灣德士古道 220-248 號
　　　　　荃灣工業中心 16 樓
　　　　　電話：(852) 2150-2100　傳真：(852) 2407-3062

臺灣總經銷：貿騰發賣股份有限公司
　　　　　　電話：886-2-82275988　傳真：886-2-82275989
　　　　　　網址：www.namode.com

新加坡總經銷：新文潮出版社私人有限公司
　　　　　　　地址：71 Geylang Lorong 23, WPS618 (Level 6),
　　　　　　　　　　Singapore 388386
　　　　　　　電話：(+65) 8896 1946
　　　　　　　電郵：contact@trendlitstore.com

版　　次：2023 年 6 月初版
國際書號：978-988-76892-7-0
定　　價：港幣 168 元　新臺幣 640 元

Published and printed in Hong Kong
香港印刷及出版

# 目 錄

# 序言

哲學是一門探討宇宙人生真理的學問，以認識自己和培育智慧為目標。人生中總會有各種難題和困惑，當中以愛情、人際關係、工作、道德倫理、價值意義等課題最令人煩憂，而哲學正好是思考這些課題的工具。

諮詢是幫助人們解決問題的過程，與專業人士傾談更容易得到適切的信息和通達的洞見，從而邁向解決問題之道。

哲學諮詢將這兩者結合，通過哲學的思辨和分析，幫助我們更好地面對問題和挑戰。在哲學諮詢的過程中，專業哲學家會與來訪者進行深入的對話，探討問題的本質和背後的價值觀，幫助來訪者更好地理解自己的處境和選擇。

哲學諮詢不僅可以幫助我們解決問題，還可以幫助我們更好地了解自己的人生和存在意義。通過哲學的思考和探究，我們可以更深刻地認識自己和周圍的世界，從而活得更好更幸福。

本書並非一本學院式哲學著作，而是透過不同哲學諮詢師的對話，透視生活事務背後的哲學道理，俾使讀者體會到哲學諮詢怎樣去協助人疏解人生的種種疑問，從而領略到哲學的趣味之餘，期望也使讀者得到一點啓迪。

香港哲學諮詢師協會　策略總監　何紹源

# 哲學諮詢師對談
# 愛情

**主持**

盧傑雄博士（盧）、何紹源 Deo（何）

**嘉賓**

張銘豪 Michael（張）

何 今日我們將會談討愛情這個課題，愛情是很多人都必然會面對的問題，但從來都沒有學習過，我記得學校是不會教授、討論愛情，大家都是透過觀看小説、電影、網絡世界等了解愛情，但是它們所表達的愛情是否我們所期望？是否正確？或者當你遇到愛情疑問的時候，你會詢問塔羅牌？還是尋找占星師？又或者你是可以用哲學的思考方式去解決這個人生的課題呢，所以這次會先來探討愛情。Michael 倒不如你先説説你是如何處理愛情的問題？

張 謝謝 Deo。其實愛情課題是我們作為諮詢師常常都會接觸，而且是一個非常熱門的主題。

何 係！

張 在云云眾多的人生問題中，來尋找諮詢的人約有三分一到四分一都是有關愛情問題。而其中一個我記得的個案，當事人是一位在談戀愛的女士，自信心方面比較低。在這段愛情中，她不斷地採用不同的測試方式，希望得知「男朋友是否真是愛她？」；所以引來很多很多他們相處之間的問題及麻煩。因為她男朋友會覺得妳不信任我，或者我已經做了那麼多事情之

後，你仍然不覺得我真是愛妳！這就是我遇到的一個個案，而在哲學諮詢方面可以怎樣協助到這位當事人呢？作為哲學諮詢師其中一個方式會引導當事人去思考，及反省究竟這個問題出現在哪裏？是對方沒有展示到他有多麼愛妳？還是妳這個要求是一個無底深潭？無論對方怎樣做都沒有辦法滿足妳呢？

何　這是否表示你需要首先幫她去拆解一些概念？分析那些對愛情的概念，以及中間所做的結論是否有邏輯推理？

張　是會用這些類似的一種方式，最起碼要令她認識到究竟自己的問題在哪裏，然後接住再去思考所謂的「測試」究竟有沒有一個標準存在呢？因為一直與這位當事人傾談時，你會發覺她這個標準會不停變，比如今日我測試你某日食飯，如果突然間叫你食飯，看看你會不會出去食飯。第二日就可能就會思考究竟你安排的生日日程要去到多麼宏大，多麼厲害才稱得上展現到對我的愛呢？簡單來說就是永遠無標準。

何　愛的準則在哪？漂移的底線！

張　這會變成你在追一隻永遠都不會停下來的雀仔，只會

使你永遠都追求不到幸福。

何　那麼你可以怎樣幫助她呢？

張　就好像你剛才所提到，其中一個就是幫她先去認識自己的問題在哪裏；再替她追尋根源：「為什麼你需要這樣去測試呢？」會否到最終只是自我期許不足夠呢？簡單來說就是太過自卑，或太過覺得我是一個不值得被愛的人呢？如果一遇到一段關係有人愛自己，永遠都是保持住懷疑的態度，什麼事情都懷疑，這與哲學上的懷疑主義有一些相似。

盧　這使我想起一個個案都是關於「愛的證據」。當事人總是覺得對方所做的一切都是不能證明對方深愛他，所以當事人選擇分手。即使這段愛情已經歷六七年都覺得大家之間沒有愛的存在，沒有愛的證據。我就會同當事人討論「怎樣才算愛的證據呢？」當你仔細去聆聽就會發現是很古怪，例如：情人節有沒有送禮物給你？有！那麼平常有沒有對你噓寒問暖呢？也有！當你生病時有沒有關心你？都有！如果是這樣，那麼剛才的行為是否愛的證據呢？但當事人說不是！那是為什麼呢？因為我感覺不到他內心是愛我！而這

個「感覺不到他內心愛我」就是她口中所謂「愛的證據」。對於當事人來說「愛的證據」不是客觀行為的表現，這代表了不可以透過一些可觀察的行為表現出來，而觀察不到別人內心的「愛」，所謂意念或者一個內心的感受。這已經是一個非常有趣的哲學問題，哲學上稱為感質及他心的問題，有沒有辦法去感受別人的感受呢？我們其實永遠都沒有辦法可以好準確、好客觀地去感受別人內心的感受。所以你還要繼續表示「我感受不到他內心對我的愛意」，這就變成了一個非常主觀的判斷。無論對方表示多麼的愛你或做很多行為去表達愛，你如果單憑自己主觀判斷的一點，就說「感受不到你愛我」，那麼你隨時都可以使關係破裂，甚至畫上終止符。

張　無論對方做多少外在的行為都否定了這段關係。

盧　是沒有用。

張　一瞬間就覺得完全沒有用，就會覺得其實是不夠愛。

盧　其實這一個想法在思考上是有問題，這是否表示愛意是完全不同於個人的言行、行為、語言以及態度，這些種種都可以分離？就好像只是一場演了六七年的戲

而且一些愛意都沒有，這是難以想像的。

張　很不實際。

何　那位當事人感受不到對方的愛，我想問 Dr. Lo，我們是否需要好像柏拉圖般，要掌握愛的「理型」才能掌握到愛呢？

張　有什麼方法去追尋這個理型？理型是不是一個真實存在的東西呢？

盧　我們作為哲學諮詢師，首先是要去梳理一下她看法背後的一些假設，及思想上的一些習慣。這位當事人好明顯對於人有一種懷疑的心態，才會慢慢形成到一種好強烈的想法，將人內心的經驗與外在行為採取一種完全割裂式的思考。在這點上，諮詢師可能會和她一起探討你除了對你的愛人有一個這樣的要求外，你對其他人有沒有用同樣的一套標準呢？用這種標準對待別人呢？例如你與公司的同事，用相同的方式判斷他們對你又是否真心呢？

張　全部都是假仁假義！

盧　如果全部都是演戲，那麼你都覺得父母或者你的兄弟

姊妹是否全是演戲呢？還是其實你覺得感受到他們的真心呢？當事人認為那麼多年來父母的愛她是感受得到，那麼父母與愛人兩者的差別在哪裏呢？父母你就感受到他們的愛，而愛人你就感受不到他的愛，但他們那些表現出來的「愛的行為」有沒有不一樣的地方？你就需要舉出例子，在怎麼樣的情況下，你是可以分別到你能感受到父母對自己的愛，但你感受不到愛人對自己的愛。

何　例如父母提醒我天氣轉涼要穿多一件衣服？

盧　但言行上有什麼分別？其實她是講不出兩者的分別在哪，反過來說可能父母在她生日時沒有送禮物給她，但是愛人會非常緊張當事人的生日。

　　如果根據上述行為思考，這代表她的情人在生日、情人節、生病時或下班感到疲倦時，都表現出關懷的行為、態度以及言語上面的安慰。這些父母都未必能夠做到，那麼為什麼你會覺得你對父母就感受到他們內心的愛，但對情人就感受不到他內心的愛呢？

何　那是否表示其實她本身對愛情有一個特別概念呢？

盧　其中一個可能，就是她對愛情所謂「內心的那種感

受」有一個錯誤的想法，什麼叫錯誤的想法呢？很多人都稱「愛」純粹是一種感覺，如果這一種想法無限擴張，就會變成無論對方做什麼行為，只要她失去了那種感覺就不是愛了。

張　好像做什麼事情都沒有用！

盧　無論你做了些什麼，只要沒有那種 feeling 就是沒有愛！但是這一種想法其實是非常誤導，只不過你可能接受了這種想法：「我們之間不論發生什麼事，我就是沒有我愛你的那種感覺！」說到最後她只不過不想接受自己這一種不負責任的行為。

何　但我又有一個經驗，因為我有不少年輕的朋友，大約三十多歲大鑼大鼓結婚，但一年之後就離婚。這些不是一個孤例，他們是否因為對婚姻同愛情概念不清楚才令他們有那麼倉猝的決定？好像剛才提到：「我感覺到沒有了愛的感覺，我就會選擇離開了。」那麼我們作為諮詢師可以怎樣協助到他們呢？

盧　首先要搞清楚究竟你追求所謂愛情的時候是一種怎樣的關係，換句話說如果你將愛情看成為感覺，那麼會變成好像打一場羽毛球、食一餐午飯或去一次旅行，

變成了真是純粹追求那種所謂的感覺，這些是否你想追求的？你與他的關係真的就像打麻雀般贏牌食糊時候的開心？我們沒有理由將這種食糊的興奮要維持成為與你一生一世，一生一世食糊的興奮是沒可能，你要同人有一個親密關係，不要稱為愛或者婚姻，我用一個比較中性的講法，稱它為親密關係，思考需要一種怎樣的親密關係反而才是最重要的。

　親密關係可以好短暫，都可以好長久，但結婚好明顯是一個長期的親密關係，是一種承諾。你愛可以是好短的親密關係，所以應該要去思考這個部分，不是宣稱愛還是不愛，而是你需要一種怎樣的親密關係。

何　所以是關係建立！

盧　而且關係的建立對你一生的幸福是扮演怎樣的角色呢？換句話說你覺得這段關係好似「每一天都要食一鋪大牌」這一種快樂？還是好像學習、閱讀、做慈善事業般要一個細水長流，慢慢去增添自己人生樂趣及進步的一個場所工作呢？

何　其實愛情是不是單純愛情、關係的建立？對幸福的看

法及追尋應該怎樣呢？請 Michael 同 Dr. Lo 解釋什麼是幸福關係，透過了解自己「需要怎樣的親密關係」可以慢慢去建立一個完美而幸福的人生。

何　Dr. Lo 提到關係的建立，其實我們應該先釐清愛情到底是一個怎樣的關係，婚姻又是一種怎樣的關係才能夠去好好地走下去。

張　是！我們其中一樣所謂愛情的迷思，就是會將愛情想像到一種脫離了其他人的人際關係範疇的想像。愛情當然是一種獨特的關係，很多人會去追求，但是否完全獨特到與其他的人生關係或者人際關係完全無關係呢？完全可以獨特到你在其他的人際關係中是無法取得這些經驗呢？如果你有這個迷思，就會好像剛才 Dr. Lo 所提到，你會發覺平時爸爸媽媽、朋友及同事對你的好，你是見到或感受到，但在愛情方面你就要求一種脫離這種關係的好，你發覺你不懂得想像外星的好、火星的好、金星的好⋯⋯如果那些行為你見不到或閱讀不到，那麼你就永遠在愛情中感覺不到「他愛你」。其實這真的是一個迷思，因為無論情人、親人、同事等，其實你都是人與人之間的關係，你怎可能脫離到一個地步完全與其他的人際關係完全不一樣呢？

何　所以是對關係有太多的想像？

盧　就剛才的個案而言，例如：在愛情關係裏很多人對對方都有一種要求，就是「你愛我，就應該每一分、每一秒、每一刻都表現出愛意！」

何　這樣令人很疲累。

盧　是！但這要求不自覺預設了對方會自動自發地實行而且不會疲累。

張　「疲累！？就是不愛！」

盧　例如你早上起床去梳洗。然後忘記了叫對方起床、沒有擺放好漱口杯、沒有「唧定牙膏」給他刷牙！然後質疑「為什麼你沒有幫我預備好？是否表示已經不再愛我了？」又或者你出門口的時候，假設他忘記了帶紙巾，然後問「你有沒有帶紙巾？你為什麼只帶你自己？為什麼沒有帶我的？」這些都會在溝通上造成對方責備你。而且可能就覺得你不再愛他了，因為你以前都不是這樣。另一方面也令到受者——被批評者——覺得你的要求會不會太不合理呢？或者如果你愛我，那麼你應該要原諒我或你應該接受我的粗心

大意。永遠都有這類爭議：你愛我就應該要做體貼入微的行為，但另一方面如果你愛我就應該接受我的粗心大意，兩者就會很難相處。

**何**　但是我們有問題時，應該怎樣去找個答案呢？怎樣去解決呢？我們剛剛提及到溝通的問題。如果溝通有問題是源於大家對一個愛情關係有很多迷思，而這種迷思就是愛情實在太獨特。當大家戀愛的時候就必定是迷戀對方，將所有的精力、將所有時間都會擺放在對方身上，眼中只有你。

**盧**　沒有錯！所以當你每一刻每一秒其實都是注視著，有這一種想像，就會造成個戀愛溝通上很多的失望、很多的挫敗以及很多的⋯⋯

**何**　期望落差？

**盧**　因誤解而結合，因了解而分開。所謂了解意思是不是真的了解到對方不愛你，反而是沒有了解到呢？抑或是人其實都只是好普通的，很多時候都是會粗心大意、很多時都是好似你自己一樣呢？你在進行自己有興趣的活動時都會將對方遺忘呢？這遺忘是正常的！並不是什麼特別的人格缺陷或不愛你的表現。

張　但真是很多人將這一種反應或行為表現，當成一個「你不愛我」的證據。

盧　或者是愛意的衰退、愛意退減的表現。所以我們首先應該去解決一個問題，採取一個理解人性或理解人本質上面是一種怎樣的生物呢？需要有一個比較科學的認知，我覺得愛情雖然說是一個好浪漫的事情，而一個親密關係的建立，好似說起來也是一個好感性的事情，但往往人就是缺乏對科學的認識，所以就會做成很多誤解的悲劇。

　　第一點要注意的是，人很多時候都不由自主。人不是完全理性的動物，人亦不是一個處處懂得關心其他人，人都是非常自我中心的動物，包括你自己。

張　人不是每時每刻都可以那麼清醒。

盧　沒有錯！所以我們首先要去諒解對方這種不自主性。人很多時候無法控制到自己，絕大部分的情況都是受外在環境影響，讓注意力轉移到其他地方，包括：他看電視時候就不理會你，尤其是足球比賽！這一刻直播世界杯決賽巴西對阿根廷，他會左眼觀看突然死亡十二碼，右眼留意你注視你？當然不會！

張　又或者玩遊戲機。

盧　一邊廂玩，另一邊廂很關心你？不會！

張　很難，可能性及可行性很低。

何　如果這個當事人稱「我不覺得是這樣！」你會怎樣和她解釋呢，Michael？

張　其實剛才 Dr. Lo 都有提及一個關於我們對愛情的想像，將這個想像當成為標準，用這一套脫離現實的標準應用在生活中或去理解世界，簡單來說就是一個錯誤的概念。想像愛情就是：每時每刻每一分我眼裏都能看到心，而且這心上面有愛的影子，如果某一天我發現沒有了這一個愛的倒影，就代表對方已經不再愛我。這是一種非常離地及不切實際的想法，這些想像可能來自很多不同的電影，但現實中你會不會遇見？有的！但就正如有時候有很多不同人的說法，如黃子華所提到，這裏會不會有一個鐵達尼極限呢？會不會有一段時間呢？有人需要長的愛情關係，有人需要短的愛情關係。你可不可以將一段有承諾，比較長些許的愛情關係，將它理解成每時每刻，都有這種非常熱情的情緒中一種愛呢？這可能真的太脫離現實太

離地。

**何** 這所說的是對方愛我，如果有一天我不再愛對方，我起床時覺得我不再愛他，而離婚及分手都是要雙方面。當事人表示「我已經不再愛他了，不斷換男朋友不斷換女朋友。Michael 我很疲累，我不時都要換男朋友換女朋友，我很疲累。那麼我應該怎樣才找到一個真愛呢？」我們作為諮詢師可以怎樣協助這些人解決他的疑難呢？

**盧** 首先要幫他分析過往那些所謂追尋愛的經驗，他總結了什麼？其實一個人會覺得「昨日仍然愛那個人，但第二日就不再愛那個人」究竟是他找不到真愛？還是他心理上有問題呢？

**張** 突然死亡！

**盧** 他是否沒有經歷過一些好值得去長期維持的關係？又或者他根本不知道自己需要些什麼？

**何** 他說他知道！

**盧** 但他知道些什麼？

**何** 真愛！

**盧** 所以真愛是一個空洞的名詞。什麼叫真愛？你的測試就是你每天起床問自己愛不愛他，這樣你永遠都無法追尋到真愛。

**張** 然後變成了純感覺。

**盧** 如變了純感覺，那麼要他思考清楚你每一天都追求那種感覺，感覺是一些什麼呢？應該是變化不定的。

**何** 但真是很多人會表示我對他沒有了感覺。

**盧** 是會有這情況！

**何** 一段時間可能是三年？十年？那麼當我沒有了感覺，我可以怎樣繼續維持這段關係呢？

**盧** 但問題是他所謂的感覺，是投入經營這段關係而產生出來的感覺呢？還是他僅僅被動地好像受環境影響而產生的感覺呢？比如風吹我的面當然會有感覺，夏日和暖的風你會覺得舒服。但是你自己有沒有做過些什麼呢？如果沒有，則代表你只是俗語所說的「等運到」。多年來就是「等運到」，等待別人愛你就有感

覺，但別人當日心情比較差你就沒有感覺，那麼你需要認識清楚，你所追求的就是這些永遠受外在環境及外在的人怎樣對你而產生愛的感覺。你是否要想一想應該去調整心態，令自己成為一個值得被愛的人呢？換句話說你追求的愛是否忽略了另一方面，如自己主動的方面呢？

**張** 這同時令我想起我們可能誤解了愛情或者關係中的感覺，是一種好像剛才 Dr. Lo 提及那種非常被動的感覺，其實人與人之間關係的感覺在理論上是應該有自己的參與。我猜想那種愛情的感覺應該是要加入自己一起參與的感覺，所以我們是混淆了兩種感覺，一種只是別人不停拍打你，然後你被動地接收那些感覺；另一種則是參與一段關係，雙方一起去建立，而去建立的感覺是有根基，這不是我們純粹被動接收的一種簡單感覺而已。

**盧** 你較早前提到這個關係建立是雙方面，而不是單方面。在愛情中，永遠有一個迷思就是「什麼是 Mr. Right？」Mr. Right 就好像你一生人在等待一個「對」的人或者你的另一半，好像你有一個號碼牌，另一個人持有一個相同的號碼牌，只要兩者配對了，那麼你

就永遠幸福快樂。

**何** 這很像希臘神話的說法。

**盧** 彷彿好像你找到那個相同號碼牌的人，你就可以守株待兔。這代表只要找到所謂的靈魂伴侶對方會非常明白你，他說任何說話都會讓你神魂顛倒，這全部都是假象！靈魂伴侶是要雙方共同努力去建立，營造的境界，不是純粹透過等待就可以形成，而是透過共同經營，絕不是透過尋找。雙方需要學習經營一段關係，當中包括所謂的溝通、保護、滋養等。我記得老師唐君毅先生講愛情時，有一個好啟發人的地方，不是只講愛而是講恩愛，我覺得這個「恩」字很重要，現時的人談論愛情是不會提及「恩」字。

**張** 「恩」字是什麼意思呢？

**盧** 所謂的「恩」正正是互相的愛、互相的關懷、互相替對方著想去做，而令到對方感受到你那種恩情。這個恩情就令到兩個人可以心心相印。

**何** 但有時候我會聽到「我已經做了很多為對方做的事，但對方都是不愛我。」經常都聽到這類講法。

Michael，你會怎樣看呢？

**張** 我的看法就像剛才所提到，你對自己要求對方做的事情有太固定的想法，當對方不用你心中的想法去愛你，你自己就會認為對方的方式代表對方不愛你。

**何** 你意思是他們預設有特定的答案？

**張** 有特定的答案或有特定的行為可以觀察得到。就剛才 Dr. Lo 提到的「恩」，我想到一個幾特別的看法，剛剛提及「恩」某程度上就是你會追求一種靈魂上的進步，或者我們所講的人生意義及人生目的。當自己都不清楚自己的人生目標時，你唯有就好像 Dr. Lo 所講，追求物質上的享受，比較好就是物質的分享。但是要有深層次的交流就可能做不到，這樣就好難說是平時我們所形容的靈魂伴侶。

**何** 其實是要通過很多的包容、溝通及諒解才可以建立到這種關係呢？

**盧** 我想最重要是一定要平心靜氣地去想一想自己所要求對方的標準是否符合心理學。第一，是否符合那些概念的要求呢？如果不是這樣，首先你會錯誤地理解對

方。因為根本原來人不自覺地，會假設對方非常自覺、聰明及很有專注力，這只會總是令你覺得他表現不濟、失望或者刻意不理會你，而忽略對方是沒有這樣的能力。所以在這點上就好像一些家長一樣，要求學生考試默書一百分！為什麼這次得九十九分？但是你的小朋友是否每一次默書都能夠得到一百分？而且只有一百分才是好？九十九分就是差呢？問題就是這個標準對人對小朋友過分苛刻。所以在關係當中首先要保持一個客觀理性。

第二，是要諒解對方，對對方要有包容的心。

第三，是我覺得剛才 Michael 所提及要有個共識，大家本身都有一個成長的人生方向，如果沒有，那麼就只能夠在物質的消費層面打滾。你只能停留在享樂的層次，如果你沒有大家共同進步的方向，那麼一段關係是難以長期維持。

**何** 希望大家之後會對愛情關係有所啟迪！

# 哲學諮詢師對談
# 學業

**主持**

盧傑雄博士（盧）、何紹源 Deo（何）

**嘉賓**

張銘豪 Michael（張）

**何** 大家都聽過很多次「萬官皆下品，唯有讀書高」，但又有人說「求學不是求分數」。你現在可以見到很多富豪，讀書都是一般般的，有些更放棄升讀大學而進入社會工作，最後成為世界首富。那麼到底讀書本身的意義是什麼？是否重要？我們應該怎樣理解讀書的意義？

**盧** 剛才你提到「萬官皆下品，唯有讀書高」令我回想起小時候我父母一再強調一點，每天都叫我溫書。第二，如果讀不成書你一輩子就只能做乞丐，讀不成書這句魔咒是非常嚇人，但當我長大後發覺很多讀不成書的同學成就都比我高！

**何** 哈哈哈，大富大貴？

**盧** 絕對唔會太差，至少生活水平不錯，都有事業，還有就是能夠買樓，而我就買不到，給他們比下來。我就讀到博士，可稱為讀書有成；但有一點經常會令我反思，為什麼我們要強調讀不成書呢？而「讀不成書做不成人」這句說話又不是錯的，但是要怎樣去理解呢？我覺得這個課題是很值得與家長去首先分享一下，中國人在文化上對讀書有一種迷思，這迷思是有

幾百年的歷史，我們知道要出人頭地真的是靠讀書，如果你考取不到狀元或功名，就只能回鄉種田。以前的社會有什麼工作呢？士農工商。士就是讀書人，之後就農夫，然後就做工人，最差就係是商人！因為以前不是商業社會，是農業社會，所以要能夠進入一個社會的高層，必然是讀書人！那麼讀書人就變成了一種出人頭地的標誌，正所謂「揚名聲顯父母」，能夠考取狀元就很風光，所以現在的 DSE，考取到好成績的都稱為狀元。但問題就是我們現在不再是農業社會，也沒有科舉制度，而 DSE 沒有所謂狀元探花榜眼或名落孫山，你考取了一科 DSE 五星星是否代表有官職否做？很明顯不是；只不過你有學位可以繼續讀大學，讀完大學是不是一定找到工作？都不一定，而且事實上很多都找不到工作。

何　所以有些十幾廿歲正修讀大學的年青人，他們問讀書有什麼意思？「點解我讀這科，我唔知㗎，有得讀就讀，呢個係唔係水泡科？讀嚟做咩？出嚟社會係唔係需要我？又或者讀完書，只是打份工為買樓呢？」他們都是面對這類疑問。

盧　我有一位案主碰觸這類問題。他是一位大學畢業生，

他的父母期望大學生畢業後到社會，應該能夠找到一份收入相當可觀的工作；當然事與願違，因為現時剛畢業的大學生人工不是很高，而父母對於大學生的收入概念還停留在三四十年前，以為大學生輕易就可以做經理，但做經理當然沒有這麼容易！

第二點：父母會用那些所謂特別的例子，來去比較自己子女的收入，「你睇下陳太個女呀！佢大學畢業月薪都六、七萬呀！」但有多少大學生剛畢業就有六、七萬的月薪呢？用這些例子比較是萬中無一。

**何** 現在畢業生有一萬六、七千（月薪）。

**盧** 所以二萬一個月的人工都很多人搶！

**張** 已經係筍工！

**盧** 所以會引起衝突，子女覺得父母，我都只是賺「雞碎咁多」人工，但你就以為我月賺六七萬或高薪厚職，所以在給家用上面會有很大衝突。雙方都因此不開心及難以溝通，在這點上就會有一個期望上的落差。一是子女認為，父母養大自己，供書教學是做父母的賺錢工具；而我是你的子女，你為什麼要當我是一件賺錢工具呢？加入所謂「養兒防老」的觀念，為什

麼要望子成龍？就是養兒防老。一堆關於學業及教育的觀念糾結一齊，最後形成了很多家庭不和及關係的破裂。

張　而且對於那個讀完書的畢業生來說，亦可能有一個自我形象低落的情況；可能他都會覺得為什麼讀完之後都是同樣的情況？例如好像有些人考完試沒有讀到大學，現在去工作幾年的人工，可能比我完成大學課程之後更高，或許是我人工一兩倍的情況。就會思考自己是不是有所不足呢？一方面賺取不到那個人工，另一方面又不能符合到父母的期望，從而受到雙重的打擊。

何　可能對自己價值觀有所質疑，因為用收入去評定我的成就，就好似真的比下去，從而思考我為什麼還要讀書呢？

張　這個可能是誤會，「唯有讀書高」個「高」並不是人工高。

何　剛才討論到價值觀的建立與追尋。我以自身經歷為例，我小時候讀書非常之差，會考不及格，當然要投身社會工作。當時香港社會經濟非常繁榮，你讀書不

好沒有關係，你願意努力工作，自然好似 Dr. Lo 所講，都能建基立業，有所成就。但問題是，當年紀去到某時候開始會好像有一點缺失，似對人生總有點感到不足，所以我自己去進修，我前後花了十年由高級文憑讀起，讀到去 Master。讀書的過程我覺得好開心。同事問我：「Deo 去邊呀？返學？又返學？」這樣的問題問了十年。我自己就覺得在追尋中得知識，令我知道人生意義在哪，或者是一個境界的提升。這些只是我個人經歷，不知道另外兩位怎樣思考，但我就在讀書當中找尋到自己的人生意義。

張　我先不提出我的想法。反過來我想問 Deo，在芸芸眾多去找尋你的人生意義的途徑當中，你為何特別思考到讀書呢？

何　因為我本身是由一個基層的銷售員做起，一路工作晉升到銷售部經理。當時我還沒有大學學位，工餘正在修讀文憑課程。我有一種不自覺的孤獨感，好像缺少了一些東西；譬如我有車有樓有家庭事業，但我還是覺得人生有一些不足，好像有一些東西我不知道，有一種身心不安的感覺。日日上班下班，不知道自己在做什麼，所以我就去讀書了；讀書時識到一班同學，

一班一齊努力向上的同學，他們人生之中都有追求目的，無論是追求事業，追求知識，追求人生價值觀的建立，都有一班不同的同學。完成第一個碩士學位之後十年，再讀第二個碩士學位，修讀哲學，哲學特意研究人生價值觀，這過程特別有意思。

張 所以變了如果聽 Deo 你剛才所講，我又想到一樣東西，就是在讀書當中，我們問意義的問題，好似不像我們之前一般社會所講，你會人工高，你會搵到一份好工作，你會去怎樣怎樣怎樣。而是一個自我追求或了解自己的一個過程，可能是了解世界，亦都是了解自己「知」的過程，所謂的意義可能有些是這方面。

盧 因為我們都知道假設你在幾百年前生活，你耕田確實是不用讀書的，你只需要耕到田就可以生活。而讀書其實是進入權力階層其中一個好重要的手段，文官和武官都是進入統治層的手段。

　　讀書，尤其是讀書，變成了大家都可以憑自己努力而取得一個極之重要的成就。所以以前讀書的價值好清楚的，而且不是人人可以讀書，這更加令到讀書這件事很珍貴，而且中國人對於讀書人的期望好大。正所謂「修身齊家治國平天下」為人民謀幸福，所以

讀書是光榮的，有一個使命感。但現代你不讀書，基本上沒有基本知識，難以生存在一個複雜的現代社會之中。現代社會你申請綜援都需要識字！

**張** 你都要填表！

**盧** 你用手機時，你都需要看得懂手機的說明書！這代表你在現代社會如果不識字，連投票投給那個候選人都沒有分辨的能力，所以基本上讀書或接受教育是一個人成為公民極基本的需要。

**張** 基本條件。

**盧** 沒錯！即使你要運用自己的自由和權利時，你必須要有一定的知識程度才運用得比較恰當，從而建立起一個比較理性的民主自由社會。所以應該將讀書放在這個角度去了解它的意義，不只是為了「搵食」那麼簡單。而是為了共同建設一個合理的社會應盡的一個責任。所以從這點來說，你不讀書就是代表放棄自己的公民權利。

**何** 讀書是一個公民義務而不是單純的權利。

**盧** 所以為什麼政府有法律強迫兒童上學呢？這是有道理

的，因為政府要促使每一個人能夠有基本能力去保護自己的自由權利，如果你無知的話，你就好容易給人剝奪你自己的權利都不知道。

**何** 帶風向？

**盧** 容易被人愚弄、操縱、欺騙……

**何** 學習及識字是一個公民責任同義務。如果我在香港讀完書考了 DSE，我是不是已經盡了公民責任呢？那麼我為什麼要讀大學呢？

**張** 十二年的免費教育之後，再繼續讀大學我們會怎樣理解呢？會不會是一個額外的，例如自己一個個人的投資。你可能對某些方面很有興趣，然後你去研究進修；又或是你對世界的事物好奇，你想研究探索，預備你人生的道路或一個目標的做法，所以可能有少少不一樣。當然我都會普遍接觸到大學生，但是你見到他們都有時候都有奇怪（迷惘）的人，讀到大學覺得都不知道是為了些什麼來大學讀書！思考到最後是社會安排你走這條路，就是要去到大學。反而很多時候小學目的好清晰，其實好有目的。中學都係比較目的清晰，但一入到大學，突然間覺得，不知道自己的人生目的或者 task。

**盧** 所以這個都是一個迷思，很多人的想法就是小學升中學，中學升大學。那代表讀到上大學，那麼就讀完書了，完了就不需要再讀。由小學開始如 Michael 所講你的目標好清晰，就是要讀大學，但讀到大學，你的目標就不清晰，何解呢？因為讀「完」書了！已完成，那麼書已讀完還可以做什麼呢？就是要怎樣去找出自己的人生方向，這才是最難的，所以這點上是誤解了大學就是讀書的最後階段，覺得純粹只有這個意義。而大學應該是一個讓自己在這個階段去發掘自己的人生方向，自己未來人生最可以發展的領域，培養自己終生的興趣，以及一個可能比較終生的長遠關係網絡。簡單而言大學是發展自己人生的一個黃金時期。如果你是抱住為讀而讀，人讀我讀的心態讀最後一個階段，那麼其實你就浪費了一個充滿住不同探索的機會。

**何** 但是沒有人會向大學生提到這些。

**張** 我都記得我的老師石元康先生都有提到大學是最開心的時段，我讀大學時我都沒有察覺，但回望的時候你會覺得是真的。

**何** 但我們怎樣可以令到現時的大學生明白讀書的意義，

因為我聽很多學生說上學沒有意思，讀書很難。

盧　其實帶有很多誤解存在，你從大學選科已經知道。選哪一類科呢？就是有「飯開」的科目。因為無論是父母或者老師都是這樣，要有生涯規劃。

何　千萬不要選哲學！

盧　你DSE成績考得比較優秀，當然叫你選一些有競爭力的學科，如醫科、建築、國際金融等，總之就是最熱門的科目。現在「搵到食」的工作如護士，老師，又多了人去報教育，這代表會隨社會需求而轉變的，但對於成績比較沒有優勢的，讀書都是看興趣，但學生連自己興趣都不知道，即大家都不清楚讀大學其實是為了些什麼！

張　有不同的想法及方向。

盧　很多人覺得讀大學都是選自己興趣，其實這是一個不切實的方法，學生連自己的興趣是什麼都不知道，你叫他怎樣選擇呢？其實很多事物都要先嘗試你才知道是否適合自己，不適合自己是要「轉軚」的，人生沒有說不能「轉軚」。我經常和新生說，你選一個學

科讀書，不是要你效忠這個學科，這是一個錯誤的想法，因為你讀書為你自己的，而不是為了學系。我們不是一個黑社會或需要一個忠心黨員的黨團，所以很多學生是有這類誤解的，「我進到這裏我就要做一個忠心的哲學系的學生，永不離棄！」這並不真實及不應有的想法，你是不是應該去體驗一下這個學科不是適合你呢？所以我會鼓勵他們去旁聽不同的學科，去了解下有沒有一些知識的領域，你如果覺得好有趣味，那麼就應該可以發展讀下去。

何　讀大學是發掘自己人生的地方，通過校園生活、不同學科、朋友、上莊等，從而可以嘗試不同的生活方式來幫助自己去了解自己。

盧　是一個生命的冒險，生命的探索之旅。

何　開展之旅是一個很有趣的說法，我都是第一次聽，我聽最多的是「我讀大學就喺為咗搵食。」「唔知呀，入咗嚟咪讀囉！」。

盧　或者符合父母期望，將來要揚名聲顯父母。

何　我認識不少律師稱自己本來想讀文學的，但父母要我

讀律師。

**張** 又不是不正確的，不過有時候又不是人人都可以早期
就決定到自己以後想走的路。大學應該是可以開放
的，然後去發掘自己的興趣。

**盧** 是要開放一些。

**何** 父母和學生其實在這個階段都應該開放些，發掘你的
興趣，探索人生的發展。我們剛才提到講大學的生
活，我想回到教育和讀書本身，我小時候讀書就一
般般，當時好失禮，中學要留班。讀 band5 學校我都
要留班，但到今日我覺得好像沒有想像中那麼差。我
想問日日都講「求學不是求分數」，但求學為了些什
麼呢？

**盧** 要首先理解這句說話，「求學不是求分數」背後有一
個好值得我們去體會的意思，就是分數其實所代表的
不是你的聰明或愚笨的程度，很多時候我們都會有個
錯誤的想法「你考試咁低分呀？死囉！你好蠢呀！智
力有問題。」。

**何** 我就是一個反例。

盧　其實我們要了解所謂分數是一個考試測驗工具底下，對你的一種評定。我們要了解這一個考試工具本身，它是測試你什麼？其實我們考過試都知道，絕大部分都是測試我們的記性，換句話說你考試不好，很大程度上表示你是記性沒有其他人那麼好，但不代表你不好，只是沒其他人好。一個人記性好不好和一個人是不是聰明絕頂是沒有一個所謂正比關係，它是沒直接關係！不能記得很多東西但你還可以「叻」。「叻」可以是有分析能力，有綜合能力，這些能力都不是代表記得很多東西，所以分數確實只不過用作為一種篩選的工具，篩選工具分數高，就代表你具有較大機會進入名校或者高等學府，that's all 完！與聰明愚笨沒有什麼關係。

　　哈佛大學的心理學家已經提出有多元智能，有身體智能，體育智能，有聽覺的音樂智能。我們現時一般正規學校要不是就是所謂大部分人稱的術科，如中文、英文、數學、生物、化學、物理等。這類屬於一種智性的能力，不是身體，又不是聽覺，也不是嗅覺及觸覺，所以你的記憶力或者運算能力比別人差，並不代表你其他的智能比別人差。

何　我有一位朋友的女兒就讀田園學校，她是運用文字比較差，但是繪畫及對自然的觸感很好，所以她讀這類學校會很開心。

張　所以有些時候，我們沒有留意到個標準是太過單方面，跟從這個單一當成一個人生的整體去看，然後無論是讀書的個人抑或是家長期望，就是完全錯配。

盧　沒有錯！我有個實際的經驗，我去學跳舞，發覺跳舞是很難的，因為你學了那些動作，然後再一連串跳出來。我是跳不出來，因為我們是習慣了語言文字邏輯推理，這方面智能好高的人，反而有礙於身體運動的智能表現。這代表你要我在完全不知道的情況底下做出一套複雜的動作，是不可能的。別人學一個鐘能夠學到半套舞步，而我一個鐘可能只可以跳到三個動作，那麼我是不是愚蠢？在運動方面，身體運動這方面是愚蠢，這是否代表我整體有問題？但我是一位博士。這說明如果你因為一個考試成績低過其他人，而認為你整體上面，甚至整個人都是比別人差，比別人蠢，這是錯誤的結論。

何　就好像以前一試定生死。

**張** 考不過，你人生就完結。

**盧** 你讀不成書就做不到人，這個是很錯誤的觀念，問題反而是問：你願不願意學習，所謂讀書其實就是要培育一種學習的興趣。如果不論什麼都願意去學，你已經是一個好好的人，反過來你不願意學習，不論你成績有多麼好，其實你都不是真的讀書人。

**張** 其實最成功的教育就應該是令學生繼續有興趣，對這個世界不同類型的知識，自己會繼續追尋。

**盧** 要有一種好奇心及一種所謂對自己不足的感覺，不要自滿。好似考試很好的狀元，如果他們是覺得自己是天下第一，很足夠了，反而沒有真正了解讀書的意義。

**何** 蘇格拉底所講唯一所知的就是無知——無知之知。我覺得這個很難做到，特別是現代社會大家都以為知道很多，反而沒有去思考，究竟知識到底如何帶給我們人生價值觀建立，就好像我們哲學諮詢經常提及到的，你的人生觀是什麼？價值觀是什麼？你的世界觀的建立，都要通過知識慢慢一步步推出來，這才是我們諮詢師想做的工作。

# 哲學諮詢師對談

# 幸福

**主持**

盧傑雄博士（盧）、何紹源 Deo（何）

**嘉賓**

張銘豪 Michael（張）

何 這次我們的課題是什麼呢？我們會想探討什麼叫幸福。不如我有請嘉賓先講，Michael 你覺得什麼是幸福呢？

張 這是一個很特別的話題，因為如果你問人，你最想最想要的願望，如果只能夠選擇一個，你會發覺很多思維比較清晰的人，他們會答「我想要幸福！」因為幸福就好像一個包羅萬有的東西，有很多不同的內容，但是有時候人在現代就比較特別，會覺得自己的幸福人生會與某一些東西畫一個等號，例如：他會覺得有物質的生活就好似就係等於幸福人生圓滿的句號。

何 要有車有樓！

張 有車有樓又或者而家在我們現在身處的地方——香港——會覺得係在一個樓價如此高昂的城市，如果你都能夠置業的話，你真是很幸福的，一般情況下都有這個想法。

盧 這個是很特別，尤其是中國人在新年的時候都會好容易恭祝對方「恭喜發財」。

張 祝福語！

盧 你對比西方文化他們是用「Happy New Year」，他們

不會説「More Money」這類的祝賀語。

**何** GET RICH！

**盧** 這説明如果你思考比較清晰，人生要些什麼呢？要開心，要快樂，要幸福！這是西方文化比較清楚的。

**何** 不如 Dr. Lo 介紹下幸福在哲學上的定義是怎樣？

**盧** 這正正是一個哲學問題，「幸福」究竟怎樣去定義呢？主要有兩種：第一種是所謂主觀的定義，所謂的主觀是指幸福的主觀感覺，這是心理學中一個進路，它會問你心滿意足那個感覺。

有一個正向心理學的研究去測量人的幸福，他們會叫你安裝一個應用程式，然後就會規定了，例如早上起床上班、下班然後睡覺之前所得到的一份報告。然後報告上就是詢問你現在的幸福感 1-10 分，你會給多分呢？

做一個大量的數據分析或幾十萬人的統計，就分析出這些人是在做什麼時候會有那種心滿意足的主觀感覺，同時是最強烈，從而去定義，什麼稱之為幸福呢？

張　這個就似一個快樂的感覺多一些。

盧　都係主觀感覺。

張　之後就記錄你覺得開不開心或快不快樂，然後就有
　　一個統計，到最後就是專注於你個人那一刻的主觀
　　感覺。

盧　結果都同我們的常識方面吻合的。
　　　例如你與屋企人一齊相聚的幸福滿足度，是給予
　　很高分數。
　　　另外就是有一個你投入去做的工作，你專心投入
　　一件事的時候，幸福感都是好高。
　　　其他的就是輕鬆地聽音樂或者灑日光浴等，這一
　　類幸福的分數都很高。和朋友一齊暢聚或好似我們現
　　時一樣談天說地都是幸福。反過來購物的幸福感好
　　低，不是很高分數。

何　剎那之間。

盧　買回家收藏觀賞的幸福指數是很高。

張　買的時候高，付款的時候就低。

何 我有一些朋友全屋都是名牌，而且仍然留有價錢牌，即是買了後從未使用，為什麼仍繼續買呢？他說「沒有什麼原因，只是買的時候很開心。」最後滿屋是買了之後都沒用的物品。

張 這種主觀是非常之特別，在你實行一刻的那種感受與你之後回望那一刻的感受，可能會有很不一樣的感覺。

盧 所以這些研究需要長期的測量，長期地問你相關的問題，可能要用到一年或兩三年的時間來去反覆檢驗及對比，從而得出一個對幸福主觀感受之統計結果。剛才的是第一種。

第二種稱之為客觀主義的進路。這代表不是問你的主觀感，而是從你能夠達到或者擁有什麼客觀的價值來去評估你的幸福。例如友誼、知識、愛、親密關係、健康、識見、品德、信仰等等。

換句話說是著重與觀察你個人，即是你一生中有沒有培養到或擁有到某一些客觀價值。如人生難得一知己，一個知己已經令你覺得人生好值得或一個好幸福的人生元素。又例如有子女孝順、有成就或有一個親密的關係的人都會覺得很開心好幸福，而家庭關係

是其中一個很重要的元素，所以這些就是所謂的客觀價值列表中的的東西，如美、愛、真善美。

張　但這就會發覺幸福不單只是主觀感受那麼簡單，因為你會發覺當你要去維繫一個的人際關係又或者你要做到所謂客觀價值，如成功，你會發現可能涉及到你個人的能力、可能命運的遭遇都可能有所關係。

盧　當然啦。

何　很多人其實分不清楚他們覺得「幸福」和「快樂」是相同的東西。

張　其實是很不同。如果我們一般人要分兩者之間的關係，其實是有困難，而且兩者看似好吻合，兩者一齊出現會是我們最廣義所講的幸福。但是如果你仔細地去觀察，你會發覺你可以將兩者分開，最起碼我們尋找快樂就是著重於一個主觀的感覺。好似剛才 Dr. Lo 所提過，你問你自己飲飲食食時的一刻你快樂嗎？這個答案要早午晚回答一次，連續回答兩個星期，那麼你知道你這段時間大概是主觀地有多麼快樂。但是我們又提到另一種是比較客觀的，就是你不是純粹個人的感覺，而是可能你和其他人的關係，你做不到做

某些的人生目標等等。你會發覺這個又好似可以客觀去觀察，例如身體健康狀況，你有一位醫生有一份 medical report 可以令你比較客觀去評核，所以兩者是有一些差異。

當然有好多人都會問：如果你是要有一個廣義的幸福人生，你是兩者都需要擁有。我都覺得是的，因為你自己心裏面覺得終於達成了父母要求所謂的美好人生，這樣就應該很幸福了，但實際上不喜歡做，每一刻你都覺得不愉快，那麼又很難去說這個人是過緊幸福人生。

反過來看，如果有一個人只是每時每刻都追求一個快樂的感覺，但生活可能會好糟糕，不斷地例如吸毒等等，你可以每時每刻都異常興奮，不過你回望這些年過的吸毒生活，雖然每時每刻 evrey moment 都是快樂的，但又很少人會覺得他是過一個幸福的人生。

盧　所以我覺得快樂同幸福就如 Michael 所講的有一個密切關係。快樂本身是一種價值，這是真的，這代表如果你做的事情一點兒快樂的感受都沒有的話，無論你說多麼有價值，你都是會覺得沒有動力，而且會問為

了什麼而做呢？我不想做但你逼我做，這是沒有用。這說明了一件事情就算很有價值，但我們都至少要在做的時候會有一種係享受，一種 enjoyment。

**何**　你令我想起我的同學寫哲學論文時，好痛苦但是感到很幸福。

**盧**　是很幸福，過程他是享受的，但是享受的過程是會包括很多要接受挑戰的地方、要去思考、要去接受思考不出的折磨。其他的思考活動及藝術創作都是這樣，不會整個創作過程每一刻都愉快，而當中一定有掙扎或所謂的大腦便秘—想不出。

**何**　還有犧牲。

**盧**　會有東西需要犧牲，會有 suffering，會有存在一種折磨，但是整個過程來說，你是會樂在其中，享受的。

**張**　會覺得有意義，所以不只是當時一刻開心的感覺。

**盧**　不是純粹一種開心感，而是一種主觀上愉悅的感受。而這種快樂就是我們剛剛所講的樂在其中，好享受。創造有意義有價值的過程就是樂在其中。而問題就是「很多人以為要過幸福人生就要令到自己每一刻快

樂」，這一個其實是迷思。

張　係！這個真是迷思。

盧　每一刻快樂就好似你剛剛所舉的一個例子，例如吸毒，我好「high」時，即係心理上感受好愉悅，假如你試想一下整個人生都是一個長期「high」的狀態，這是否代表非常幸福呢？蘇格拉底舉了一個很有趣的例子，假設你很喜歡拗痕，拗痕的時候很舒服，一個一生只願愛拗痕的人是不是很幸福呢？我會覺得他是很舒服，但他是不是幸福呢？這就好難說是幸福。

張　這個都符合心理學，現代心理學研究所謂快樂的適應性。

盧　沒有錯！你每一刻都想追求快樂的感覺，就往往會令到你做事帶不到快樂給你。為什麼呢？因為這些快樂感的製造會有一個邊際效益遞減的效果。等於你很喜歡食朱古力，第一粒朱古力你會感到「好正好enjoy」，但你食第二粒你的感受就會沒有之前那麼強勁。當你連續食到第十粒時，你就會覺得好普通，沒有什麼大問題不了。這等於一個人剛剛升職的時候會很開心，但升了職半年之後你恭喜他升職，他不會覺

得有什麼值得開心。

何　與之前一樣。

盧　因為他適應了所謂的新職位，所以無論升職、加薪或者買到大屋，那些開心只可以維持半年左右，就會回到以前住細屋的時候那種快樂的水平。

何　其實我們追尋幸福及追尋快樂是兩樣不同的東西。什麼是幸福呢？特別在資本主義社會中，我們那麼多的物質，那麼多資訊的時候，應該怎樣選擇真正的幸福？真是做到我們的幸福人生呢？

何　我之前有位當事人，他本身就是某集團的法律顧問。事業有成，人生有成。突然間他就有一個想法想修讀哲學，他同事聽到讀哲學要辭職「什麼？辭工讀哲學？是不是有些事想不通？所以不開心？不如一齊去shopping或者去酒吧。」家人都有疑問「你是不是有不治之症？」所以有這樣的想法？結果他最後就找了我進行諮詢。我們經過一輪的討論後，我們就發覺原來他「為什麼讀哲學呢？」他想有一個人生境界的追尋，他覺得如果仍然做法律顧問的工作會阻礙他，因為他想全心全意去投入。經過一番的討論後，其實他

想追尋一個幸福的人生，因為他自我實踐的方法就是通過讀哲學進行。最後他很愉快，因為他真是讀了哲學，而且得到他想得到人生課題的研究。當然我都要教導他怎樣與同事及家人解釋「什麼是幸福人生、自我實踐」，這些是需要一些時間。

盧　這真係一個好好的案例。這反映出我們對人生幸福的迷思，因為我們一般人都會停留在物質層次、心理及社會層次的需求。

張　又或是社會地位。

盧　一般來說，用馬斯洛的人生需求金字塔，最低層當然是生存的基本需要，如食物、水、居所、空氣氧、陽光等的東西。我們都會將這一類的東西等同我們的幸福。「買到樓、食得好、住得好、養番狗」，食住行都不缺就是幸福。但是這類只是馬斯洛需求金字塔入面的最底層，再高一層就是心理需要。當然這都很重要，如愛、人與人之間的關係、安全感、被愛……當然進入了這一個層面的滿足都已經很幸福。這都是真的，但其實這個金字塔還未完結，有更多層。這一個反而是一般人好少知道的，有如剛才你提及到的案

例。我們稱之為自我實現。一般人會覺得你如果在物質層、心理社會層都得到滿足就足夠了，如果你再追求，那麼一般人會覺得你是不是有問題？你所講的情況通常都出現在我的學生身上，尤其是讀文學碩士及哲學文學碩士的學生。他大多數都是事業有成，當與上司說要早一些下班去上哲學課，通常的反應是「你是不是近來有些事？你有不開心？」讀哲學的行為令到人覺得好奇怪。

張　同絕症通常串連一起。

盧　哈哈哈！多數都問「你是不是有病？」「近排工作有問題壓力太大，如果學佛可早一些看破紅塵？」

何　或者感情出現了問題？

盧　其實是一般人眼界太窄，太窄的意思是除了物質的滿足、心理滿足及社會那一個階層的追求，是還有一種人生境界的追求。這一種人生境界的追求對每個人其實都可能有需要，只是你未必自覺到，所以有一些當事人就會在問題上覺得我可能即使在經濟上、在社會地位上有成就，但是我不會因此而覺得滿足或者幸福。因為覺得在這上面還可以突破，還有一個所謂靈

魂精神的成長，這是需要追求，而這一種自我實現的幸福的成就，這一點我覺得應該要多一點認識。

張 反而在我們的社會上真的好少強調「自我實現」，好多時候都只強調物質及生理需求，而心理需求近年都多人強調。你都見到在哈佛有好多好長關於幸福的研究，其實可能去到最後都講人際關係與家庭關係，而不是社會地位、賺多少錢、有幾多股份等等。反而人際關真是太重要，大家而家都少了去強調關於個人實踐及自我實踐。

盧 自我實現比較難的地方是因為自我實現根據不同人有不同的追求。人生境界的追求已經有很多不同。

　　以宗教信仰為例：基督教、天主教、佛教、伊斯蘭教、道教等很多其他世界各地的宗教。哲學境界的追求如孔子、孟子、蘇格拉底、柏拉圖、亞里士多德等等。在這一點上，當然一般大眾比較少人會明白到一個人生幸福的追求。我覺得可能會變得令到有些人會給了一種無形的壓力給只追求精神境界的人，覺得他們有心理病或者不正常或者患了絕症。

張 或者少見。

**何** 又或者大眾比較少接觸所謂境界追求的東西。就好像藝術家為了追求境界可以放棄很多東西，而大眾一般都是不能理解，大眾需要受多些教育及多些接觸。

**盧** 係。

**何** 剛才你提到自我實踐，自我實踐是一個人的自我滿足還是其他情況呢？

**張** 我覺得當我們講到馬斯洛最頂層金字塔的自我實踐時候，可能有些人會誤會我們將焦點放在自身身上，這就跟我們之前講第一節所說的追求幸福及追求快樂感一樣，這是最可能令人容易有誤會的地方。其實兩者是不同的，應該要追求自我實踐，正正可能是你去做一些同身旁的人很有關係，你會發覺你自己並不是生活在孤島上，你永遠有很多不同的人在你身邊，一些值得珍惜的人際關係。

有時候你會發覺就是當你去實踐你自己時，其實可能都同那些人很有關係。可能會為他們去思考一些東西或與你一齊討論很多不同價值方面的東西。所以我想強調的一點就是馬斯洛的自我實踐之外，他還有一個按語。這是有一個自我超越的意思，這代表

你好多時候要做到自我超越時，你不會再將你的注意力焦點只放在自己身上。因為你去到第二個層次，當你說到所謂安全感或愛的感覺，有些時候你是從自己一個人的感覺出發，你會問我得不得到這個愛？我得不得到安全感？每一句說話開首你都是用個「我」字嚟開首。但是一去到更高一個層次—自我實踐—可能就會去到一個地步，你的焦點已經不是放在你自己身上，而是說有什麼東西是更有意義呢？是重要過或超越你自己的呢？如果用英文表示「bigger than yourself」，這是非常之不同的！

盧 自我實現或自我實踐不是只說「我做我自己喜歡做的事就叫自我實現了，而我不用理其他人」，「總之我要去一個人流浪二三十年，你不用理我，這是我的自我實現」。這種只是浪漫化了，戲劇化了的自我實現。舉一個例子：我以前有一位師弟，修讀哲學，後來出家做僧人。本來他讀書的時候，總是面帶憂色、不開心、很煩惱、身形又瘦削，但成了和尚後，面色紅潤而且身型對比以前豐滿。有一次大學公關部問我們有沒有學生可以作為一個招生宣傳成功的例子。我真是很想跟她推薦我這位和尚師弟是否成功例子？但這位

公關當然表示「啊⋯⋯」，又不好意思説不是。她問「有沒有第二位呀？」代表不接受。

張　要理解這個社會要求。

盧　這表示上面的例子正好説明所謂的自我實現，並不是他去尋開心，而是他融入了一個更高層次或者有悠久傳統的價值，一個精神信仰裏面。例如你信佛，佛提到離苦得樂。「樂」在那呢？要怎麼樣才可以「樂」呢？就要「無我」。正正就不是要尋找自我滿足或自己開心，而是正正要慈悲，就是要關懷。這表示陷於苦海的大眾，要將眼界打開，要將自己的心思，正好由自我中心而去到整個世界的關懷之上，我覺得其他宗教都有這種共同的價值觀。

張　係！很多宗教都有。

何　我有個朋友問：「Deo，你作為諮詢師經常都聽別人訴苦，談人生疑問，你是用怎樣的心情去對待他們？會不會不開心？」其實我能夠用到哲學作為一個諮詢師去幫人解決他的人生疑問，解困梳解他的思想，我本身的過程就已經很滿足！同一時間我都令到對方走出困局，令到他有個境界的提升，這個就已經好似

Dr. Lo 所講自我實踐的做法。

**張** 這個就正正回應我們最開始提到你做的時候，第一你會有個目標，而目標往往不是只將注意力放在自己身上。你會與其他人有關係，建立一些你覺得有意義的關係。第二就是你實行的過程當中，你又會有種開心的感覺，這代表開心又存在，意義層面又存在。之後再回味，又會覺得未必有那種快樂適應，在這種情況下，你回味過去的那種感受會繼續存在，這就可能是現在我們所講的幸福。

**盧** 尋求幸福的秘密之一，就是不要以尋求幸福快樂為目標，而去尋求幸福快樂。你去幫人、你去造福社會、你去發展自己的強項等，令到其他人可以分享到你的才能或你的創作，這個就是最最最幸福的事情。不要帶著尋開心的動機去做這些事，反而你就會得到意外的快樂及幸福。

**何** 好像在我們的協會——HKPPA 哲學諮詢師協會——很多人都問「不知道讀哲學讀有什麼用？」但是我們讀完後可以幫到別人解決疑問與困境。希望我們能夠在將來的日子裏仍然可以繼續這個幸福愉快有意義的活動，我們的知識和問題可以同大家分享。

# 哲學諮詢師對談

# 金錢

**主持**

盧傑雄博士（盧）、何紹源 Deo（何）

**嘉賓**

謝世杰博士（謝）

**何** 我們的題目是大家都比較關心的「金錢」。我們時常都會聽到「有錢就萬能，冇錢便萬萬不能」，今日請謝世杰博士與我們分享「金錢的意義」，我們應該怎樣在諮詢上關懷這話題呢？

**謝** 我們可以先思考金錢的本質，它本是中性的，作為「以物易物」過程之中交換的媒介，這是其原本的作用。人通過努力換取「金錢」，然後以這媒介換取不同產品。但在這種發展過程中，總會有「量的多寡」以及「交易形式多元」的變化。之後，金錢慢慢變成不只是單單的媒介，而變成人追求的目的，於是出現一些金錢與人生的糾結。

**盧** 因為香港人經常都提到「做人為乜呀？搵食嘛！」但「搵食」又不是實質給你一盒飯。實際上都是透過金錢表現出來。廣東人或中國人都有種文化心態，就是新年會祝賀「恭喜發財」，表示錢是很重要的。而西方國家的人新年就說「Happy New year」，他們重視「Happy」，我們則追求金錢，目標都是變成金錢。但問題是你賺取那麼多金錢，是不是一看見錢就很開心呢？不是的，很多人都說過有錢而不用錢，錢是沒價值的。有錢不用其實都對你的人生沒有貢獻的，所以

剛才提出了一個關於金錢很重要的本質，就是它只是一種工具，用作換取滿足我們想要的商品或服務。這產生了一個要反思的地方：如果以金錢為目標，作為人生目標，其實是很古怪的。

**何**　沒有錯！將工具變成目的是一件很奇怪的事。

**謝**　這種觀念在不同圈子，不同文化中對金錢價值的理解實有所不同，金錢的價值很多時都遠超於它作為媒介本身的價值。我舉一個例子：在一個比較困乏的圈子內，他們會將金錢看成目標或者目的，不停思考如何獲取金錢，所以他們會用時間來換取金錢。但是在一些文化領域上或者一些比較充裕的人的生活裏，他們是不會用空餘時間換取金錢。因為他們的時間是最寶貴，而不是金錢最寶貴。所以你會看到兩種不同處世的價值：一些人用時間坐車到遠的地方以購得價格優惠的東西，另一些人寧願給貴的價錢以節省時間。這樣構成了兩種金錢觀。

**盧**　是很有趣的。我看電視提到有人住打鼓嶺道偏遠地區，但在柴灣上班。每日就六點起身，坐兩個小時車上班。然後放工再坐兩個多小時車回家，一日就用左

四個小時坐交通工具，那麼人生還剩下什麼時間給自己呢？這真是令人煩惱及惆悵！但我們看到歐洲人的生活，他們爭取到三天半工作。對於他們來說最緊要的是什麼？就是所謂平衡工作與生活。他們要得到很大的滿足，令自己生活快樂的平衡點，應該是悠閒的時間最多，賺取金錢的時間就不需要那麼多。

**何** 我在讀書的時候就閱讀唐君毅老師的一篇文章，講解我們為什麼那麼重視錢？因為我們沒有共通價值觀。我不知道你作為一位教授有多重要，不知道一個科學家有多重要。但你說哲學教授賺十萬個月一個月，我就知道你這個人多重要，因為我們通過錢的媒介，有了一個共同的評價標準。

**盧** 是的。事關我們現在進入資本主義，一個金錢就是一個普世市場衡量價格的標準。但這個標準變成了唯一的標準，這才是最影響人。在以前的社會一個人就算是有錢，但是「萬官皆下品，唯有讀書高」，讀書人賺錢不多，這代表當時的社會不是只用金錢去衡量一個人生活的價值。有很多標準，例如人格、學問等，但在現代這些東西都變得不切實際。結婚之前會問你有沒有樓？這很明顯金錢變成為唯一的標準。

**謝** 我的思考是，我們可以探索在資本主義與消費主義之下，很多東西又或者人的價值都以金錢作為唯一的標準去衡量，每一個人背後好像都有價格標誌，而這一東西便構成你的全部。這是很值得思考！。

**何** 剛才世杰提到意義問題，不如我們再深入討論。

**謝** 近期的廣告愛說「元宇宙時代」，基本上每日都會被說服去購買東西，又或者你只要買了某樣東西你的意義才存在。這其實是一種消費主義，消費主義簡單來說便是我們認為這個世界任何東西都可以消費及被消費，而所有東西用金錢便可以處理，似乎金錢可以作為任何東西的唯一價值。

**盧** 現代人非常重視婚禮，重視婚禮是正常的，婚姻大事是有意義的事情。但怎樣才算舉辦好一場婚禮呢？這標準很容易就變成消費的角度去評價。如我要去歐洲影婚紗照，而擺酒一定要有海景的六星級酒店，可方便賓客「打卡」，鑽石戒指更是少不了。如果連鑽戒都沒有即是表示沒有誠意。那麼整個量度結婚所謂意義同價值，其實都化約成為一個金錢。這表示你願意捨得花費多少錢去舉行這場婚禮，就表示對這場婚禮

的誠意及投入。

何　但是如果我們不用金錢去衡量，那麼我們有什麼方法
　　找到共通價值判斷這件事是有意思的呢？

盧　這個問題反映你有沒有創意。創意——你誠意的投
　　入，時間、能力與心思等都可以表現出來。即是説你
　　不一定係要去購買昂貴的服務。例如請一個世界知名
　　的攝影師與你去世界十大絕色風景處拍照。而可能是
　　回到大家第一次認識，第一次初初約會的地方或街上
　　遇見的那個場景拍照，或者現時比較少人會做的寫情
　　書，比如婚禮前可以寫五百封情書。

何　我見過一個實例，有位同學結婚是手畫一本繪本，內
　　容就是結識拍拖結婚。這便是盧博士提到的誠意。

盧　誠意可以是去學一些東西，如去學彈一首結婚進行
　　曲，比你單單用金錢去一個高貴的六星級飯店好。我
　　認為這更能反映你肯定那件事的價值。

謝　這裏令我想起 Michael Sandel 的一本書 What Money
　　Can't Buy（金錢不能買到的東西）。我們都知道金
　　錢能買的東西是同質化的，而不能買的東西都是比較

抽象的，好像剛才提到誠意的東西。真正的誠意是不可以用金錢衡量。當然有人會不認同，有些人覺得也可以買，沒有東西是不可以買的！這裏存在兩種價值觀。Michael Sandel 最後想帶出的訊息是，當金錢一介入便會將「事件」異化。如剛才的婚禮，當所有東西變成金錢介入的時候，那最純樸的關係，當初相遇那個誓盟，絕非金錢可以衡量的。我們應給大眾知道或下一代知道，價值是可以有不同的表現形式，而不是單一的。

盧　所以在這個世代反思金錢意義很重要。我們似乎被金錢操控了生活，而不是運用金錢來豐富生活。我們在生活中的重大安排及決定，都用了金錢的尺去量度，來作選擇。我們讀書的時候提到人生大事要奉行「四仔主義」一定要有「屋仔、車仔、老婆仔及 BB 仔」，加起來非常昂貴。人將這些能力的理解都變成金錢，例如養育一個小朋友要四百萬。

何　加了價要六百萬。

盧　一聽到就說「好大投資」，這即是將育兒的關係都變成用金錢去理解，這樣我認為將變成單向度。有一個

美國哲學家叫 Herbert Marcuse 寫了一本《單向度的人》。現代人很單向度 one dimensional，什麼事情都用錢量度，太貴便不願意做。但是那些東西是不是純粹可以用金錢來決定其價值呢？

謝　最近的科技發展令我們有多一種對貨幣的思考。虛擬貨幣衍生了很多產品，元宇宙及虛擬貨幣。虛擬貨幣有炒賣，有虛擬貨幣貨幣交易所。甚至去衍生很多一些在宇宙裏面可以虛擬產品結合的貨幣，這樣成了另一套價值系統，要重新思考金錢的價值！

盧　本身已經虛，現在更虛！

謝　鏡花水月之中，處理人生問題時會否更複雜呢？

盧　我覺得現在連我們悠閒的時間也不放過。本身在屋企不外出是不用消費，虛擬世界卻成了資本主義另一種掠奪。你不要以為呼吸一口空氣不需要用錢，現在你在屋企也逃不了。真實的宇宙賺取不到錢，不要緊，元宇宙可以。它提供了好多美其名就叫賺錢機會或商機，元宇宙打開了一個商機。你現實世界賺取不到，不要緊，還有虛擬元宇宙度。但是你賺取人家的錢，其實這是雙向的，別人都同樣賺取你的錢。

我們思考不能只是單向，我們可以有大好機會賺錢，但別人已經正在賺你的錢。因為宇宙的平臺已經收取你的錢。這就是說明在這一個貨幣的擴張底下，其實我們更加要注意金錢是否已全面地控制我們呢？

何　沒有錯。我們見到的正如博士所說，金錢充斥住我們周圍所有的世界，每件事都是問賺多少錢？有沒有錢賺？而這樣東西有沒有價值呢，沒有人去問問他這些東西的實際意義，或對人生意義是什麼作思考？這些現在真的難見到。

謝　以往我們讀書人會對這些金錢或者唯利是圖的人，不想提它的名稱，覺得「俗不可耐」，希望我們今日都有這樣的審視，可以回看這些都是俗不可耐。

何　我們剛才提到金錢的意義，我記得 Dr. Lo 提到我們有錢買不到關懷。我在網上看到一套電影就是這樣，有位青年人犯了事，需要上少年法庭。他上庭的時候就有五六個律師陪同，但他的父母沒有到場。主審法官說自己是第一次見那麼多律師來到法庭，但是也第一次見沒有父母出席。這個就是錢與關懷的意義。

盧　那種親情的缺失，其實錢都無法補償。這說明你很有

錢，但原來都是得不到父母的關心。這不會因為我多錢就能補償或交換到，其實我們說金錢是可以作為一種交換工具，但這個交換只是交換那些可以交換或可以買賣的東西。而金錢就不可以用作交換一些交換不到的東西，例如友情、親情等。當然我們會提到「友情多少錢一斤？」但並不表示友情可以用金錢來交換，很明顯金錢買不到友誼。友誼亦都不可以用多少錢去衡量，某些東西是有一些價值——工具價值。作為工具的價值，有些東西就是它本身有其本質價值或者背後價值，但在人生的意義、價值、幸福的追求，我們不可能只是追求工具價值。

我們實際要以那些本質價值作為我們的人生目標。我們要有親情，我們要有愛情，我們要有友誼，我們要有知識，我們要有品德，我們要有健康。上述都可以作為我們人生的安頓或終極的安心所在。我們小時候讀過的故事，試想像一下如果一個人只得錢，如守財奴，那只是擁有很多黃金，每日都好苦心地將它們藏起來。這樣令到自己健康與心情欠佳、神經質、精神緊張、對人缺乏信任，連自己妻兒都不可信。這個人又怎會活得開心呢？

謝　我在做哲學諮詢的過程中，認識到很多企業家或者資源比較豐富的人，似乎他們都有在年青的時候追逐這些工具價值。在過程當中犧牲了一些本質價值，直到他們的人生經歷到一段時間就開始覺悟，多少工具價值都換不到本質的價值。他們才會開始珍重一些本質價值，然後將那些可以用金錢來購買的看成沒有價值，將金錢不能夠購買的看成有價值。我觀察到一個這樣的循環，他們會欣賞你親手做或自己釀造的酒多於你買一些昂貴的酒給他。這開始進入第三階段，見山不再是山的時候。

何　這是很有趣的。我也遇到很多中產家長都有這個迷思：「我要賺多少錢才夠呢？」因為中產家長不會好像商家那麼多錢，他們在思考：「我要犧牲多少時間去賺取金錢給我的兒女呢？讀國際學校、上興趣班，然後還有其他支出。很辛苦。我當然犧牲了與兒女一齊的時間，但是怎樣才算足夠呢？多少錢才算足夠呢？」這個問題可以怎樣答他呢？

盧　這是有統計的，但可惜我們香港好像沒有這個數據。在美國有一個數據，根據統計如果你一年收入七萬五千蚊美金可令你達到一個相當幸福的生活水平。而多

過七萬五千蚊美金不會令到你增加太多幸福感。不要以為賺二百萬美金一年會比七萬五千蚊美金有廿倍開心，這事實上是不會的，都是差不多開心。

何　因為你開始煩惱怎樣去避稅。

盧　而且我們最重要是人的心理，以及我們有一種叫做快樂適應的能力。例如我買了一個名牌手袋，你開心三日，但第四日再看一手上這個某名牌手袋，都是沒有什麼特別。你的開心是不會增加，可能維持在未購買時的開心水平或者甚至是會下跌。你熟識了它，把它當成舊的東西。據統計現時有很多人升了職後加薪是會開心兩三個月，但是之後這個開心的程度就回到加薪之前一樣，都不會有什麼太大的增益。所以追求金錢愈來愈多，會否使得你愈來愈快樂呢？事實上是不會的！

何　但他們問的問題是多少錢才足夠？

盧　以七萬五千蚊美金一年為標準。在這個現代社會生活你需要的消費已經相當豐富。

謝　一個更重要的問題，是究竟多少才足夠的「多少」是

誰來定義？如果我們被這個社會或某個圈子來定義，你一定要追逐那一個數目，則你要多少都不會足夠。當有人與你說 A，你就會追逐 A。當有人與你說 B，你就會追逐 B。反而如果我們追求一些叫做本質價值，掌握一些自我認許的品格、創意、藝術水平及自給自足，便可以有個人的快樂，那麼便不需要靠別人的認同，要多少都是由自己定義。

盧　這是衡量價值很重要的態度，即我們不用有比較的心態。我賺到五萬，我朋友賺到十萬，便覺得自己慘痛，但你又不觀看一下賺取兩萬的人如何生活。這代表人往往會用一個比較的角度來去衡量自己有多少的價值，其實這是錯的，你應該觀察自己本身的價值。有一個很有趣的統計，就是如果將工資換算為假期，我們就沒有這個比較的心態。如果我們有四十日假期，你有八十日，我又不會覺得太過有問題。因為我都有四十日，如果多二十日是不是更加好呢？當然是好，為什麼我們不是通常去選擇一個假期呢？我們希望愈多愈好？是的，但為什麼呢？因為我們會正視假度本身具有的價值，而不是它多不多的問題。

何　即是比較的心態。

盧　所以錢最大的問題就是經常與人比較。

何　我們應該怎樣衡量金錢的價值？

盧　我們需要一個面對金錢的態度。我強調一點就是中國人的智慧——中庸之道。我不建議視錢財如糞土，這很容易令到你生活潦倒。不是那麼容易人人都能夠過一個貧窮清寒，清閒無事的生活。沒有人能夠如此決心地斷捨離。我們要衡量普通人心理，應使則使。中國人其中一點就是賺金錢要依從正道，用金錢都要依從正道。

何　君子愛財取之有道。

盧　沒有錯，所以君子是愛財，但要有道。而重點在於我要避免被金錢控制自己，我們應該要控制金錢做就自己生活幸福的目標。這就能夠避免所謂守財奴的心態，迷失於追逐金錢遊戲的生活。

謝　我想起孔子的「富而可求也，雖執鞭之士，吾亦為之，如不可求，從吾所好。」這說明追逐金錢或者賺錢的心態是人之常情。我要賺取多少就要思考你的人生意義背後時間、心理以及知識，是不是一個平衡。

孔子認為總靠自身力量取之有道，即使執鞭之士幫人做馬夫都沒有問題。如果要不符合本性、違己交病好像陶淵明那樣做官只是為了將俸祿換酒錢，那不如算吧。我認同 Dr. Lo 不可以視錢財如糞土的觀點。陶淵明得飲酒之樂逍遙自由，但如果窮得要討酒喝就不逍遙了。

盧　要問人借錢飲酒也影響了自己的體面與尊嚴，何必呢？你能夠賺取金錢飲酒，就不妨去賺錢。飲酒作樂方面當然要適度。我們如厭惡金錢，視錢財為俗物便不接觸不賺取錢，但又要飲酒，那就做成人生困難。問人借，問人乞，確實不是一種有顏面及得體的生活方式。

何　要有理財方法。

謝　這是有趣的理財觀點與心理，以及一種處理對金錢誘惑的定力。第一，我建議對千萬不要參與一些超越你能力範圍的金錢活動，不論是什麼形式，如賭局、購物，甚至吃喝玩樂都不應該。因為同一樣東西在不同的圈子，代價不一樣。「人哋出雞你出豉油」你都會破產。其實到最後整個價格模式是不應該去跟別人攀

比。第二，有多少金錢與自己是否知足，其實沒有關係。我看見很多人圈子中，擁有一千萬的人，會覺得自己窮困，因為圈子中人人都有一億。而擁有一億的人在其他圈子中也會覺得自己窮，因為其他圈子的人有十億。擁有十億的人會覺得自己寒酸，因為他認識一些老闆大哥有數百億。這些便使他永遠都落入金錢的支配，然後當他的慾望多到有一千萬就想買十億的樓，因為他看見別人住十億樓。他便會無止境地追逐及落入一個困苦而且被牽動的狀態，我認為這一種是要注意的。

**盧** 攀比永遠都會令我們不斷追逐金錢，這動力實即所謂貪嗔癡的貪。比如住石澳的別墅，是身份象徵，但其實你一個人住這間屋會不會太大呢？反而覺得孤寂？會否覺得這屋空洞洞呢？反而以前可能吃苦的時候住木屋，雖然得數十呎，但是人與人之間感受溫暖親情，還有所謂生命上面的滋潤。所以其中一個我們最重要的考慮，始終都是你要見到自己人生的價值方向，你的人生需要奮鬥的那個本質價值的目標是什麼呢？這個是要很清楚的。

**何** 是的。我經常在大澳玩滑翔傘。我在龍脊飛出，石澳

的大屋全部都在我腳底，通常都是沒有人的，最多見到的是傭工。

盧　是給傭工住的！

何　我經常都思考為什麼要買這些那麼昂貴的屋呢？我們好逍遙地在屋頂上飛，而下面的人到底去了哪處呢？上班？所以自在自適，金錢是需要的，怎樣用呢？

盧　最重要令到自己自在逍遙，不受金錢束縛。這就是最正確對金錢的態度。

謝　另外便是對「名」要有同樣態度。因為我留意到今天很多時有些人都將金錢當成工具，工具就是為了用錢去獲得自己的榮譽。比如去買一些手袋、名錶或甚至令到自己衍生的個虛擬身份都有手袋及名牌。

盧　上福布斯富豪排行榜。

謝　這種虛名會令人迷失。因為現時金錢作為唯一的價值，所有東西都要兌換成金錢，於是你會發現很多耀富或者事件都是為了告知別人自己背後有多少錢。我認為這一種心態需要擺脫，因為這會落入一種自我封鎖，自我麻醉，到最後會迷失，最後是活得不自在。

**何** 要走出這個金錢的迷局，其實是不是要讀多一點哲學，了解人生意義？

**盧** 我覺得歷史、哲學、宗教及美術都能夠拓展你不同的價值向度。因為一個人能夠懂得欣賞不同的人文藝術作品或產品，你都會超越何了所謂金錢那個數量化的尺度。你開始欣賞什麼是美，什麼是藝術性。領略一首詩的意境，你不會計算這個意境是多少錢，一首詩值多少錢。如是這樣，你就不能夠去品嚐到當中詩的味道。哲學各種人生觀，突破所謂價值的視角，即不是只用一個金錢去量度。可以是有與人，與天地混然一體的那種宇宙的感覺。這些都是可以擴闊我們的心智及眼界。

**何** 你提到境界的追求，令我們可以擺脫金錢的勞役。

# 哲學諮詢師對談
# 人生意義

**主持**
盧傑雄博士（盧）、何紹源 Deo（何）

**嘉賓**
謝世杰博士（謝）

何　今日我們會討論人生意義的課題，這是一個大的課題。Dr. Lo 人生意義應該怎樣定義呢？

盧　這是二千多年來的哲學、宗教及所有人都會問到的問題，人活在世上為了些什麼？有什麼意義呢？這個問題到現時都未能夠解決得到，就是因為我們都會有一種感覺，人生意義這類問題人言人殊，人人都不同的，沒有討論空間，所以還是留給哲學家去思考吧。但是一般人在很多情況下都會思考人生意義，例如上班，經常要加班但老闆又沒有加薪，就會問有什麼意義呢？又例如讀書，成績不理想的時候，都有機會問到讀書是為了些什麼呢？這表示有迫切思考去回答究竟我們生活有什麼意義？但怎樣去思考這個問題又確實不是那麼容易入手。我們從哲學角度思考，首先我們要區分究竟人生意義是主觀還是客觀？抑或是主客交融？

何　賦予意義？

盧　是的，但是否說自己的生活有意義就等於有意義？還是我要做到某一些事、達到某一些境界，或者培養出某類品性的生活才叫做有意義呢？所以我們需要仔

細去用不同的處境，去剖析怎樣形態的生活是沒有意義。

**何** 營營役役。

**盧** 最出名的故事是卡謬所謂薛西弗斯的神話。這故事是薛西弗斯被眾神懲罰。怎樣懲罰他？神都喜歡玩弄人，祂想出一個絕世好方法，就是罰薛西弗斯推石頭。怎樣推呢？就是推一塊龐大的石頭，無論薛西弗斯的身體是非常健碩都會推得很辛苦，不是水平地推而是推上山，可想而知是辛苦及痛苦的，推上山頂後，大石就會自動滾下山腳，然後你又要再推上山頂，再一次勝利地推上山頂，但它又會再滾下山腳。薛西弗斯接受了這個永恆的懲罰，不斷去推這塊石頭。但不論怎樣推都是返回原點，那塊石頭到最後都是會在山腳。

**何** 那我不推就可以。

**盧** 不可以不推，因為這是懲罰，而且你不可選擇死亡。只有一個結局，沒有其他選擇，就是不斷推。這就是薛西弗斯的處境，眾人聽到都會覺得很沒有意義：「推嚟推去都係得個吉。」卡謬說這就是現代人生活，

上班等下班，月頭等月尾，到最後打回原形「搵錢後洗錢，洗錢再搵錢，搵錢就再洗過，直到有一日瓜老襯」，但我們比薛西弗斯好一些，因為我們會死亡。

**何** 我們不會落入無間地獄。

**盧** 薛西弗斯悲慘的地方，在於不能選擇死亡，但這樣不代表我們比薛西弗斯更有意義，只不過我們無意義的生活會終止，而他的無意義生活是永無止境。

**謝** 現時很多年青人會為這個情景賦予一個詞彙「無限loop」，loop 本身是 programming 當中的一個功能，令到某些指令可以自動不斷執行直到永遠。而將「無限 loop」放在人生的時候，我就發現近代人比較快去問意義問題。在迷悟之間，通常都會有這個「無限loop」的思考，而且認為這個狀態無意義，在迷誤之間思考「現在在做什麼？」審視自己原有的忙碌以及觀察到自己的規律，看到這種規律是沒有出路，沒有希望，甚至沒有變化。我想這種對未來的投射，感覺產生不到價值，他的人生不知道為了什麼，這些種種就構成了現代人的一種苦惱及困苦。

**何** 其實開始反問自己人生，就是一個啟悟的開始。

**盧** 是的，當然所謂覺悟的契機，如果你只是好像做實驗的老鼠，不斷跑圈跟隨車輪跑，牠不會突然間覺悟「我正在做什麼？」，牠不會覺悟直至跑到筋疲力盡而死。人與這些老鼠不同的地方就是，人會跑的時候停下來問：「為什麼我要跑？跑有什麼用？意義何在？」這就是人生意義的契機。而卡謬對於薛西弗斯做了一個很巧妙的回答，他表示薛西弗斯其實是活得很有意義及快樂，但問題是他為什麼會這樣想呢？

**何** 這個地方很有趣。

**盧** 卡謬要我們試想像薛西弗斯面對這個懲罰時，他的思考以及採取的態度。薛西弗斯面對眾神的懲罰，但怎樣才算「罰到你」呢？就是在一個懲罰的過程當中，薛西弗斯推石時怨天尤人，如果他永遠都是抱持對這件事，對自己際遇保持一種埋怨、受罪、受難及受罰的心情，那麼薛西弗斯就是永遠給眾神懲罰。可是他又不可以逃離這個懲罰，永遠都跌入這一個難過，受苦受難，一個永恆生命無盡頭的歷程。但如果改變心態，重新去賦予對這件事新的解釋，我喜歡推石頭，如果你要罰我，你會否罰我做一些我喜歡做的事情？

例如你的小朋友不做功課，你罰小朋友不準玩遊

戲機，為什麼罰不準玩遊戲機？因為小朋友想玩遊戲機。反過來如果小朋友不做功課，罰他可以玩遊戲機，小朋友會説「罰我這個？非常好，我就是想玩遊戲機。」這代表你要懲罰一個人，是出於這個人喜不喜歡做被懲罰的東西。而薛西弗斯覺得你罰，我可以改變我對這事情的看法，如鍛鍊身體，我很享受這個推石頭的行動藝術。

**何** 這會不會是阿 Q 精神？

**盧** 但阿 Q 有一個前設，你可以不這樣做，但剛才推石頭故事設定是沒有其他的選擇可以做，而阿 Q 是有得選擇。但薛西弗斯在沒有選擇的情況下，就只能夠改變他對於自己處境的態度，這是卡謬的解釋。

**謝** 這是一種「轉念」，而阿 Q 本身是將「不是」説成「是」，將假説成真，將父親與兒子換轉，完全是扭曲了現實。但剛才 Dr. Lo 所講的「轉念」，或者我們所講的修行，又或者是處世的一種哲學。

**盧** 賦予無意義的處境一個意義，就在乎於你怎樣去轉念，重新去詮釋你現在面對的處境。

謝 存在主義對人存在境況的描述──「拋擲性」。首先
基本上以前都會認為人生意義是回應宗教的一些預
設，人是某某宗教的造物主賦予某些人生的東西，你
一定要經歷。這是一種不自由的狀態。但如果我們沒
有這種預設，人就好像被拋擲在世上，一種中性的存
在。突然之間有一日你悟到自己的存在，但這一種存
在的意義是沒有人告知我，自身與任何人沒有任何關
係。他用一種浮標作比喻，人就好像大海裏面任何一
個浮標，你要嘗試與其他浮標建立坐標，你與其他人
才有連繫，但意義又何在呢？首先你要覺悟，但未必
一定有，所以你就需要創造或賦予一些東西。你的被
拋擲性是人力不能為，生命的局限是人力不能為，你
先天的東西是人力不能為，其實某程度上都是賦予一
些東西意義。

何 按照你所說營營役役上班下班上班都是被賦予意義，
起碼我可以自立，自力更生，我可以供養父母兒女，
這些都可能是一件有意思的事情。

盧 要看你怎樣去詮釋現時的處境，如你將它詮釋為「搵
錢同洗錢，洗晒錢就搵錢」，你將整個圖像簡化成為
一種「洗錢搵錢洗錢搵錢」的循環，這就是無意義。

因為你自己解釋成這樣無意義，但其實你的生活不只是「搵錢洗錢」，在當中你的錢用了去供養爸爸媽媽，或者報課程去學習一些你很想得到的技能，如讀哲學。這些都是增添你生活意義的東西，所以要看你怎樣去解釋你的生命歷程。但當然人總是不能避免那個被拋擲的處境，就好似薛西佛西斯一樣，他是沒有選擇之下被眾神懲罰推石頭，但他被拋擲到去要推石頭這個處境底下，而且這個慘況比我們不能辭工有過之而無不及，所以他就只能夠轉念。

　　這個轉念啟發了我們，既然他都可以轉念，我們亦可以轉念。在這一點上薛西弗斯的轉念有意義的地方在於能夠令到自己人生有意義，除了他喜歡推石，但這個喜歡或享受推石頭就是表示出對眾神懲罰的抗議。他不是單單喜歡推石頭，而是他為什麼要轉念？轉成這樣呢？其實是一種抵抗精神，這才令到他推石變成一個有意義或能夠令到自己感到繼續做下去都是值得的一個解釋。

何　其實轉念不是單純我轉念就可以，都有思考性的部分，到底人要怎樣轉變，再怎樣建構人當時的思維？

謝　提到轉念，整個中國文化的教育思想好像為了教育，

或者讓人重新審視生活而達到轉念，而衍生好的結果。比如我們對生命的日常事，很多人都會看到它的工具價值，但我們的教育會告訴我們工具價值以外有其他價值。比如節日，中秋、拜年或者團圓等，我們很多時都將個價值放在人與人之間難得的相處，所以這種教育就是轉念。我們不是聚焦在一種順應、一定要應酬你或辛苦大家找時間吃團年飯，小朋友與成年人都會這樣去理解，這種叫應酬，辛苦的家庭聚會。當我們轉念看到那種難得，以及人際之間那種可以算出每一次都是減數的時侯，你就會看到它的價值在那裏，這種轉念是由生活瑣碎事開始。

**盧** 尤其是你病重或者不幸地快要離開這個世界，你反而容易轉念，回想過去每一次團圓飯及中秋節食月餅，都是很美好，但你當時很健康，覺得還有很多時間，你又不會覺得團年是一件美好的事，反而覺得費時失事，只是一場大龍鳳都看不到有什麼特別的價值。這其實顯示了這個轉念及心境是很有關係。

**何** 如果我已經轉念，但我們要怎樣建構我的人生意義？

**謝** 通常從生活瑣事開始，你慢慢就會發覺有很多不同的

視點看同一件事，當你已經開始審視自己生命後，你發覺自己以往用單一視點去看這件事是有局限性，知道自己不足。

第二個階段，你再慢慢想聽多些不同人看世界的視點，甚至你會吸納到一些古往今來的哲人，原來他們追求的是另一個更高看世界的角度，同時值得我們學習或吸納。人生意義有趣的地方在於我們追求自己人生意義的過程中，你愈為自己去建構的人生意義是愈難去滿足。因為你為了「我」去建構人生意義，但很多時中國哲學到最後要你放下「我」而去追求人生意義，而人生意義才會彰顯，這是一個有趣的轉念過程。

何　很有趣，因為我最近讀莊子，他的「小知大知」就好像類似謝博士所提到要跳出該局限性，去觀察不同事物才有人生意義。

盧　當然除了中國哲學的知職之外，西方哲學都可以提供一些對人生意義的轉念，或怎樣去建構一個生命意義的方式。現時流行一種諮詢稱為敘事治療，它也是來自哲學。其實怎樣去將你生命的際遇歷程，陳述成為一個有意義而連貫的故事。你閱讀一本小說時，一

般都會有起承轉合。這個起承轉合就是表現出主人公怎樣從初出茅廬，然後就歷盡艱辛才練成神功。再之後報父仇，最後統一江湖，諸如此類。總之都是這樣的故事，但閱讀起來故事與故事之間之所以有意義，是因為它有一個敘述的連貫性，能夠串連起來。但是你試想一下如果你讀的故事「東一忽西一忽」，或神龍見首不見尾，我現在刷牙，然後考試，之後在棺材中，最後夢見到媽媽，你讀完都是摸不著頭腦，這表示零零碎碎破碎的片段，將它們串連起來都不能夠成為一幅有意義的圖畫。

人生很多時候所過每一天，其實有很多很多片段，但是如果你的生命是破碎化，你就很難將它編織成一個有意義的故事。所以我們要盡力將自己的生活各個面向，都能夠編織成一個有意義的同一體。

而現代人最大的問題就是不能夠將自己的生活各個領域例如工作、家庭、自己的興趣等連成一貫。工作的時候自己就不存在，當回到家中就聽到老婆的埋怨，這時候你亦都不存在。唯有夜晚偷偷地上網的時候，才是自己，那麼你的生活怎可能過得有意義呢？你清醒的絕大部分時候，生活的各個領域都是割裂，所以我們要為自己的人生建構出一個連貫的故事你先

要問自己，想活出一個怎樣的人生故事，如果你連這個圖像都沒有，你怎能夠有意義呢？我覺得有一點很重要，就是目的感，做人你要有一個目的，而這個目的就是怎樣令到你的人生變成一個連貫性的故事。

何　就好像 map memory，怎樣敘述我的故事，如何才動聽。先感動自己，然後再感動別人。

盧　你要先感動自己，如果連你自己都不聽這個故事，很難說有意義。

何　會否變成自說自話？

盧　所以這個牽涉到除了主觀意義之外，我們確實需要有客觀意義的來源。即當你有一個人生的故事，但是當中的情節要體現出我們剛才一路強調所講的價值。你這個主人公練出怎樣的武功，他成了一個怎樣的人。例如武俠小說是清楚的，要成為大英雄。大英雄是一種能夠體現出仗義、正義、有「俠」的價值精神，如一個扶傷救死的人都展現其中價值。

　　在讀書的時候，我很喜歡看偉人故事，不知現時的小朋友會不會看，孔子、孟子、拿破崙、哥倫布、凱撒大帝及朱熹，而近代則是甘地、林肯、華盛頓

等，他們的故事不是只有連貫那麼簡單，而是有一些德性的價值能體現出來。華盛頓展現的是誠實，林肯則解放黑奴令到所有人更加平等，而哥伯尼追求真理方面能夠不怕強權，這些德性都是在故事當中，不是自說自話，他們能夠體驗出一些價值所在，所以你閱讀魯迅的〈孔乙己〉是看不出這類德性價值，只是看到這個故事的主角多麼差劣。

謝　如果應用在現時的生活，我聽到一些新的用語「人生課題」，以前用人生使命，現時用「課題」比較中性，感覺沒有那麼沉重。現今多了很多資訊，關於這個世界的圖像愈來愈多。別人的故事在 IG 上都聽到很多，所以我看到建構意義是些什麼呢？首先認識自己的性情，自己喜歡什麼，不喜歡什麼。通常不喜歡的東西都很清晰的，而喜歡什麼是未知的，你不喜歡就試另外一些東西，但有一個想法就是 Tiral and Error，所有東西都試，你慢慢就會知道那些你不會喜歡。

　　首先假定自己有人生的課題，之後去了解自己的長處與不足，然後再去行動去 Tiral and Error。我認為這種態度及實幹是比起我們坐著討論人生意義更實

在，我覺得這一樣東西慢慢變成了人生意義是要走出來，而不是談出來。

**何** 但我是一個中年人，我的人生已經做了所有的事，五十多歲的人生意義是些什麼？

**盧** 你都可以檢視一下你做人的目的成就了多少價值。你是不是樂在其中？這對你的人生是重要的。如果你根本就覺得做人做一日都很艱難，都是「捱過去，頂過去」，那麼你怎會有意義，這個主觀意義都沒有，所以你都要問自己你是否 enjoy 你所做的事，你愈投入就愈有意義。當然要得到其他人的認同都很重要，正所謂「刷存在感」，如果你做所有的事都只是自己 enjoy，以為自己很有價值，但別人覺得只是你自己開心，這時候你要反省一下，其實你做的東西是不是真的很有意義呢？

這裏有四個尺度：

首先是題目或人生目的；

第二，是價值，你的人生能夠造就多少價值？

第三，是你是否 enjoy 你所做的事呢，你是否投入且享受你所做的事；

第四，是其他人及社會對你生命的認同有多大？

這些都是反映出該人生有多大意義。

當然有意義和有多大意義是有不同，除非你真是很坎坷，否則很難一些意義都沒有。假如他一出世就是植物人，這無話可說。但如果是一個能夠自主，能夠努力，只要他願意發奮，都可按這四個創造到多多少少的意義出來。

謝　我們中國人很多時會講「命」這個概念，「命」其實很多時都強調人力所不能為的那些因素。好像你先天的條件、家境條件等，都是「命」。中國哲學想帶出的觀點就是不要專注在自己人力不能為的那些東西，反而要專注在這個限制之中，怎樣打好這個牌局，去創造一些新的東西。即是愈艱難的條件，愈人力所不能為的那個條件，你能夠力所能及的創造那丁點兒不一樣的東西，這個意義就能產生。我舉個例子，假設周遭的人全部都是古惑的，不談道義，很黑暗的，但你仍然堅持守信用，如此你變成一個誠實的人，這個意義很大。

何　出於污泥而不染。

盧　發光發亮。

**何** 我有個朋友出身寒微，跟他的祖母執紙皮，讀 band 5 學校，而這間中學從來沒有人在會考或 DSE 拿到合格成績，但他就出類拔萃考入了大學讀書，最終成為出色的醫生。我覺得就好像世杰所提到你怎樣看活出自己的意義而不受「命」所限制。

**謝** 還有不要比較，例如比較別人小時候有資源去外國讀名校。我們難得在這艱難中讀得上大學，其實已經很厲害了。

**何** 所以人生意義好似兩位所說，我們要去反思自己、轉念、建構意義以及培養一個好的目的或德性，成為目的性的存在，然後才有人生意義。

**盧** 要找到自己的課題。

# 哲學諮詢師對談
# 老年

**主持**

盧傑雄博士（盧）、何紹源 Deo（何）

**嘉賓**

何敏珊 Idris（敏）

**何** 今日的題目是地球第一次面對的問題「老年」。以前的人「人生七十古來稀」，但現在的人七八十是很平常隨處可見，第一次面對這個老年的課題，Idris 在哲學中是怎樣了解這個課題？

**敏** 老年這個問題在小時候是沒想過的，我當時跟媽媽說三十歲我長大了，我開始老就要思考買樓……到六十歲已經是老婆婆了。但在近年其實 COVID-19 有一個很大的訊息給我們，原來香港有很多老人家是一百零五歲或以上，是好需要照顧，好需要大家關懷。

　　以前的人說七老八十，但其實都很年青。我之前拍過一個短片，訪問了一位好出色的鋼琴家，她有一句說話到今時今日還印象深刻，她說：「七十歲才是人生的開始！」我對這一句說話感到很讚嘆。

　　現今的「七十歲」真是要好好地去思考，和以往想像的「七十歲」真是很不同。我很明白，當自己慢慢步入中年、老年的時候感受到那種無力感、無助、身體健康的下滑或者甚至乎際遇，對社會變化的那種掌握真是會有少少不知所措。

　　我近年做了一些研究，是實踐性的研究，發現裏面原來有方法是可以幫我們重新整理自己及重新去審

視自己，繼而展開一種新的態度。之後我從哲學當中探索，就發現哲學的反思基礎，是幫到我們在基礎概念上進行整理，然後再在實踐上調節，對於我們面向老年問題也許有一些幫助。

何　剛才你提到方法，是什麼方法？

敏　很有趣，當時其實我不是針對老年去研究這個問題，而是在面對社會及自己的變化時，覺得有一些無助無力，不知可以做一些什麼東西，人生就這樣有一點點停頓。

　　在做研究的時候，一邊研究一邊你要閱讀很多資料、書籍、與不同的人交流……然後你發現要學會將已認識的東西放下，而哲學最能幫忙的是將概念拆解。我學會了將一些自己很平常的概念和簡單用語先進行分析，比如這張長方形枱很美，我每個字都可以拆出來分析為什麼枱是枱？或者這張真是枱？又或者怎樣才算美呢？用上概念分析，用一個不理所當然的方法去看事情，我慢慢就從表面的東西去到更深入的東西當中。一直去到一些根深蒂固的概念，到最後我遇上了現象學，我很多謝現象學，它有一些方法幫我們去拆解既有的東西及接觸到的東西。自自然然會用

不同層面去重新理解，再重組。在我的研究裏面，將我以往覺得是理所當然或食古不化的方法，經過這樣的拆解後，你就放鬆了身體，將事情重組後，你會有新的啟發及新的創意出現。

盧　這個是一個好好的提點，老年之所以要面對這個轉變，很多時候都是人生上面的問題，例如你老了要退休，原先進行的工作要放下，工作所用的那種習慣的思考方式，習慣的生活方式要改變。

　　第二，如果有小朋友，亦都要面對小朋友已經長大可能已離開你身邊，已經獨立成家。但你就不能預期再用舊的方式去生活，常常都期盼他們回家聚餐，你要尋找自己生活的樂趣。

　　第三，就是會老就會有衰退，各樣能力都衰退，但你又不能不放下以前那種「覺得自己乜都做到」或記憶力還像以前準確清晰。所以其實面對這些現象，我們通常都會有一種很固有的思維方式：人老就沒有用，沒有工作就沒有用，小朋友又不再理會自己，連自己的身體健康及記憶力都退化。所以這一些就是我們需要去重新思考：是不是需要這樣思考呢？我們用一般成見看老人就是沒有用，已經日落西山，再沒有

辦法重新拾起朝氣及生命新的快樂泉源。剛才我聽見你提到現象學的方式，我們要去解讀這一種年老現象，甚至可以用不同詞語，而且現時不再流行用年老來描述他們。

**何** 我聽到兩位提到很重要的東西，就是一種轉變，如何面對自己轉變，面對所處環境轉變，概念的轉變。以前聽課的時候，老師經常提到廣東話中有一句說話好貼切：「你個人呢會識轉膊，你要識化先得」，「化」這個字是一個好好的哲學概念，我們一般認為這個是一個諺語的用法，其實不是，這是一個哲學上相當之高層次的命題或講法。

**敏** 這個是我們中國其中一個好受注目的哲學家莊子，他在〈內篇〉裏面有提及到，當中以故事為多，〈逍遙遊〉所描寫鯤鵬之變化是我第一個接觸到，故事中有聲有畫，我覺得裏面最重要想帶出的概念就是「化」，化有變化、轉化、教化、感化等，莊子的「化」在他的故事上是超現實：魚與鳥，鯤與鵬，鯤鵬之變化是非常誇張，海裏面有一條巨大的魚——名為鯤，天上面有一隻巨大的鳥——稱為鵬。在二千多年前，他就已經借用鯤鵬超現實地講解那種跳脫

式的變化，是超乎我們常人的理解。

何 一條魚又可以變成一隻鳥，又可以飛向南冥之極。

敏 聽起來覺得很有味道，再閱讀再思考深入一些，原來
他想帶出一種你要知道世間的「化」，變化是一個宇
宙的法則。人生你會遇上接受變化的時候，如果你能
夠用一個轉化、變化的態度去掌握世間萬物的變化，
你會逍遙輕鬆，「若夫乘天地之正，而御六氣之辯，
以遊無窮者，彼且惡乎待哉！」我當時看完後覺得很
舒服，我覺得莊子是藝術家。

盧 他想像力的發揮是很有藝術性、意境及創意。而且一
個「化」帶出的意涵與我們今日老年的主題真是很有
關連的地方。

　　海裏面的魚可以變大鵬鳥，一般人已經稱為荒
誕。但如果我們衝破這個所謂的荒誕，而接受這個變
化的話，其實就已經是一種對我們現有理解的一個突
破。換句話說，老年可以重新變成青年，老年其實是
一個表象，魚是一個表象，大鵬鳥也是一個表象，其
實都可能是同一樣東西。老年只是一個表象，但問題
就是你怎樣去視乎你的條件，而將你的心境去變換

呢？莊子很喜歡提到「心」，所以要逍遙，要自由自在，要沒有所謂的束縛，就要有所謂的無待。你不論怎樣變，你都是有一定的條件，然後先可以去做你的事情。好像大鵬鳥一飛幾萬里，但都要有風的承托才做到。魚為什麼可以游？就是要在海中才可以游，上到陸地就變成一條「曬乾鹹魚」。

老人家也是同樣道理，年老令到條件改變。我們應該要思考條件改變，心境要改變，而且我們的思想都要改變。我們要改變成慢一些，同樣都是可以逍遙自在，反而藉此去反省可能過往的生活太匆忙，你上班的時候用五分鐘吃飯，其實是非常不健康，而且品嚐不到餸菜的味道。你現時沒有工作，那麼你何必要十五分鐘吃完一餐飯？可以吃一個小時慢慢一啖一啖品嚐，由急活變成慢活，這個沒有所謂損失，反而增益你自己的幸福感。所以老人其實有很多心境上面的轉變，可以回到以前去感受到生命的樂趣。

何　反而年紀大了可以感受到、陽光、微風、欣賞月色等。我經常與其他人討論香港的郊外，在疫情之前很多人沒有行過香港的山，疫情令到他們有機會去，因為又不可以匆匆忙忙去國外旅行，可以轉變心態欣

賞我自己身處的環境。原來發覺香港的大自然是非常美麗奇妙的。正如有些外國運動員來到都覺得香港很好，廿分鐘就上到不同的山，觀看到整個城市的美景，可能國外就要四個鐘頭都未能去到，所以很值得我們去行，而且整個心態上會有不同的轉變。

**敏** 根據你自己現有的條件，然之後作出變化，再調整心態其實都是需要很高智慧，如果做到，其實真是舒服很多。

**盧** 面對這一個轉變應該不要消極或退縮，我們在報章看到很多生命故事都有很多啟發性的地方。在報紙看到退休故事很有創發性，一位車衣的嬸嬸，做了一世車衣女工，年老要退休，你從來都不會想像一個普通人退休之後，可以做些什麼令到她的生命可以繼續找到意義幸福與價值呢？這是一個很特別的故事，一個普通的車衣女工，我們都預期她退休會行公園、跳大媽舞、打太極啦、到老人中心閱讀報紙、看電視、與福利中心的人「打牙骹」講是非等等。她就想有什麼她可以做？可以服務弱勢社群？她將她車衣的技能變成專門為行動不方便或者視力有問題的人，幫他們去修補衣服布袋或者其他一些可以用車衣技術幫到他

們的工作，修補他們的個人或家庭的物品。所以這種轉型，使她成了義工，服務了很多不同的弱勢社群。她發現原來上班出糧都不及幫人快樂，她發現幫人是很快樂，用錢買不到，以前的人生當中從未試過的歡樂，這就是我們所說的轉化。

何　政府經常宣傳說轉廢為能，將所謂的廢老轉化成有能力的人。

盧　人都會有以為自己是廢的時候，即社會上應該已經盡了他的功能，老人就被淘汰或者等到要一個社會政府救援及救助。我們都會有老人要我們去幫他們或援助他們的想法，但其實這樣已經是固定了老人家或將他們定型為老弱傷殘這類人士，其實現時六七十年歲，甚至八十歲都可以很精神健康。他們還可以繼續將他們的資歷、學識、才能、人生閱歷等，與同其他人分享，甚至去幫助其他人。

　　老年現時不流行稱老年，叫再出發或人生新一頁，又稱銀髮族或樂齡，重新去找尋各種不同類型的幸福或愉快生活。這樣我覺得就與莊子的鯤鵬之變相同，以前在水底游，現在可以天空飛。

**敏** 關於莊子有一些可以和大家分享。莊子其中一個故事很有趣，說惠施收到一份禮物，一個大葫蘆，但裝不到水又吃不得，惠施覺得大而無用，莊子說有用，你過河時可以用到。我們古時沒有水抱，原來將這個大葫蘆綁在腰間，就可以當成水抱。從莊子的故事你會嚐到味道，裏面有轉化的力量及意義。

**盧** 這代表你要找到那些所謂的條件，大葫蘆看起來是廢物，佔地大，不能當食物，又不能盛水。一般人的想法就會掉了它，當成垃圾，阻手阻腳。但你找到它在某個條件底下，你可以用來過河游水，因為葫蘆是中空的，可以作為水抱，將葫蘆綁在腰間不懂得水性都即時可以過到對岸。這就莊子用不同的角度去發掘，不同的東西都有它的存在價值，這個「無用之用」的思考是很適合老年人。

**敏** 而且有這種「化」的態度，其實可以燃點人的一些創意，面對人生變化的時候就可以輕鬆很多，生命的可能性更多。

**何** 可能是我們不要執著一個概念，以為只能如此如此。

**敏** 不要食古不化！

盧 那種思考或思維的成見，所謂固定不變的固化思維是好影響我們人生未來的規畫。我們經常將老人家稱呼為老人家，我們就會將老年人變成一個老弱傷殘的範疇。這自然地將成見固化，就會令到老人家失去生命的朝氣，所以我非常同意在語詞上要改變下，正如 Idris 你所講我們要思考下這些字，其實適不適合用。為什麼枰一定要稱為枰呢？「豬肉佬」、「劏豬佬」現在稱為肉類切割技術員。聽起上來整件事美麗同專業，而且可能性多了很多，不是局限在豬。肉類切割有很多不同的肉類，肉類切割有很多技術同手法，不只是「劏」，「劏」很難令到整件事實看上去好美麗，好浪漫。老年人都一樣，你叫樂齡銀髮，整個生命前景立刻完全不同。

何 我怎麼去利用身邊的環境？怎樣為之條件？改變自己同時但其實我們又有所局限，比如老人家好孤單，面對這些孤獨感我們又可以怎樣做呢，Idris？

敏 其實剛才我們提到很多都是比較實踐性，亦都條件具足。如果有些銀髮族可能條件上有偏差，可能會產生孤獨，因為無力感而產生孤獨感，好像沒有人幫到他。我聽過一個畫家提到面對孤獨感的說法，他說每

個人都會孤獨，無論你什麼條件之下，你都有孤獨時刻。但是這個孤獨感就正正是給你去面對自己最好的時候，去重整你以往面對的事情，你擁抱孤獨就會產生無盡的靈感，然之後便會是充滿創意的。你要與孤獨一齊行，一邊觀察，觀察著內心，觀察著身邊的條件。我覺得這個對我來說很大鼓舞，雖然我還未到銀髮族，但是我都有孤獨感，每個人都會有的，Dr Lo 你認為如何？

盧　好真實，年老確實客觀上身體的條件及健康都有改變，雖然有很多老年人都健步如飛飲食正常，但亦有不少真是行步艱難的，他行出去坐升降機都用了五分鐘，有可能在意志力上衰敗衰退，不願意出街，這時候就會有一種我們剛才所提到那種要面對孤獨的痛苦。

　　老年人有病痛有孤單，有一些要面對的苦難，亦都是一個值得討論同面對的課題。孤獨可以帶來對自己生命的反思，這其實是一個哲學上好好值得我們去分析的現象。你所謂的孤獨是老人的狀態，就是從生命原有的活動退出來，從原有的世界退出來。

　　哲學上就將這種叫做 non-being 的狀態，這是一

個非常之有存在主義式的思考，即是説由存在去到變成不存在，你變成可以從這個不存在，退出自己生活原有的角度，去整體地、全面地思考自己以前生活的意義價值。

這當然是用一個哲學的角度去提煉自己的生命，你現在無以前那種生活，沒有以前那種歡樂，沒有以前那種連繫，但正正是這樣就找出一種在沒有以前的東西關連底下，怎樣去再尋覓新的東西？這代表沒有舊的生活不等於沒有出路，正正有機會給你尋找新的可能性及探索。

何　我有個實際的例子，我有幫不同機構做義工，做一些設計，他們有個叫做「生命故事的計劃」。長者可能有生活困難，不能外出，義工就會為他重寫生命的故事，由他年輕説起，找出他生命中每一個不同轉捩點或者生命上特別喜悦的地方。

　　如果剛才的車衣女工可以回憶她由五六十年代開始由一個少女，到隨著香港工業化時候的轉變，在重寫生命故事裏面找到自己，原來我的生命有所meaning。

　　Being 還存在。就算我青春已逝去，但 meaning

還存在，這些 meaning 寫出來之後會成為一本小冊子，每一個人都有自己的 storybook。然後結集成一本書出版，給後來的人閱讀。其實他們寫出來的時候，他已經會覺得自己生命有意義，而閱讀這些故事的第三者或陌生人，都會覺得原來以前的生活是如此。一個好平凡的故事都有他生命特別的地方，就會啟迪到後來者發掘自己生命的意義，這個就是輔導上或社福界都有做的事情，我覺得很有意思的。

敏　我覺得諮詢師協會可以幫忙的，因為人生去到一定的歲數，人在孤獨無助時，會思考不到的，所以哲學諮詢師是可以幫手一齊進行思考，思考一下你曾經經歷過的東西及你在思考的東西。

何　而且哲學的高度可以幫助他綜觀整件事，而不是零碎的片段，是一個整全的故事，一個生命意義的故事。

哲學諮詢師對談

# 朋友

**主持**
盧傑雄博士（盧）、何紹源 Deo（何）

**嘉賓**
何敏珊 Idris（敏）

**何** 每個人都有朋友，有些好有些壞。諮詢師又會怎樣談到朋友呢？

**敏** 朋友無處不在，我們都會聽過「有朋自遠方來，不亦樂乎」，所以好容易將朋友關聯到開心，但是不是開心才是朋友呢？而我作為諮詢師在做諮詢的時候，很多當事人都會諮詢我們很多有關朋友關係的問題，朋友之間究竟是否只得開心？是否開心才算朋友呢？原來當中存在著很多的誤會，我當他是朋友，但他不當我是朋友。究竟怎樣才算是朋友呢？

**盧** 我覺得首先要將朋友分類，有深交、有淺交、酒肉朋友等。當提到朋友這個詞，我們要分真正的朋友或泛泛之交呢？還是臉書社交媒體上所謂 Friend 呢？有些人就很認真，認真到一個程度總之有個 Friend 字，總之是有朋友這個詞就要求很高。尤其是臉書上「點解我個 Post 他明明 Add 咗我，點解只讀唔 Like？」這已經產生一種「點算係我朋友呢」的想法，但其實這是否有一種錯誤的預期呢？在這種虛擬世界當中的所謂朋友，與我們在現實世界裏朋友的互相期待及要求，我們其實都要放得輕一些，放得開一些，這才是一種交友之道。

在現實世界大家都知道，我們的朋友都是會隨年紀成長而有不同。你有多少位朋友是小學同學而且繼續是有聯絡？中學大學的同學聯絡可能會多一些。工作上面的朋友會接觸比較多，或者一些社會團體，你參加的學會就可能會接觸到更多一些。

朋友結合的方式都有所不同，所以亞里士多德對朋友的分類提出三種，一種是小朋友青年的時候一齊玩樂一齊成長，這叫共樂式的朋友，即一齊踢足球的那種快樂開心，這種友情是很有一個共鳴感，你都會記得與中學朋友去露營那種景象是很容易停留在你心靈之中。

**何** 好純真！

**盧** 一齊去玩樂，一齊去探索，一齊去發揮生命的熱情，但很容易離散。因為不是生活在一起，你就失去了一起去做活動，一起去露營，一起去踢足球的機會，所以這種共樂式是很快樂，但很短暫。

第二種就是工具式朋友，而現代社會則最多工具式。工具式朋友聽起來不是太好，但是必要的，它要有一種互惠互利，win win 合作。在這點上面，你上班時很多同事的本質上都是工具式，你幫助他，他幫

助你，很多酒肉朋友都會從「睇下有冇著數」入手。現時流行 networking，要擴展人際網絡，所以就發明了很多所謂的早餐會及商會，它們其中一個最大的功能，就是所謂擴展這一些工具式的朋友。你身邊能認識一兩位會計師、律師、醫生、工程師或者開設酒樓、印刷廠諸如此類，那麼你有需要的時候，有這些朋友幫幫手很方便。但這類都很難深交，因為其基礎是利益，難保為利益而有爭拗，正所謂「唔熟唔食罪大惡極！」有一個好好的說法，就是誰欺騙你，那位就是你的朋友，如果他不是你朋友，他是不能欺騙到你的。你會不會給陌生人欺騙你？會，但很少，因為你不會突然間相信一位陌生人，但朋友就不同，你會相信他，信任會令到被欺騙的機會增加，最親的人是最大的敵人。工具式的朋友有利可圖，但都有風險，所以亞里士多德認為工具式朋友都不是最穩陣。

亞里士多德認為第三種是最理想的朋友，他的形容比喻為兩個軀體但一條心，就好似兄弟一樣，但是知心友的知不是純粹你明白我所講的東西或者不說清楚我都明白。當然這個已經是很高境界，朋友之間不需要說出來，你都懂得關懷、照顧，甚至是兩脅插刀。所謂的一條心就是指價值觀、人生觀及世界觀上

面，大家都有一個相同的志向。這是一種具有德性、一種修養的夥伴成長的朋友，所以這朋友無論在西方或者東方都是很推崇。

何　但是只有很少。

盧　當然！在《論語》提到交友之道，其中一個就是「無友不如己者」，但很多人誤解了這句說話是要我們結交一些優秀過自己的朋友，這句說話在這種解釋下是解不通的。因為會沒有朋友，我要的朋友要比我優秀，那麼站在別人角度看我，我沒有比別人優秀，別人為什麼要跟隨做朋友？這樣就沒有人可以做到其他人朋友，因為沒有人願意與比自己差劣的人去結交。所以「無友不如己者」的「如」字是代表有相同志向或價值觀，所謂叫做同道。如同我有相同的志向或價值觀——立志做一個君子——這一種朋友真是很難有，需要運氣遇上，也要主動去發掘這類朋友。在歡樂的朋友及工具的朋友當中，慢慢發掘出有相同志向的或共同目標的，將其升華為第三類的朋友。

何　我覺得除了運氣及培養，另一個就是你自身是不是一個值得結交的人，好像儒家提到的修身，如果你自己

個人都是一個沒有理想抱負的人，又要一個有理想抱負的朋友就很奇怪。

**盧** 你如何結交到有理想的人呢？你自己都沒有理想，如果你自己只是吃喝玩樂，你認識的朋友都是吃喝玩樂是很正常的。

**何** 如果你經常都是計算別人，別人同樣都會計算你。

**盧** 你在一個這樣的交友方式下，你自然就預期為什麼我會沒有知心友？當然是沒有知心友，因為你結交的朋友都不是那種有理想、要奮鬥、有價值、有意義或有目標的人，那麼你自然沒有這類朋友，沒有什麼好哀嘆。

你不要認為這個世界你去吃喝玩樂，而自自然然那些有理想的人就會與你一齊去奔赴那個理想。但問題就是你那個理想是什麼？你自然就會遇不見那類朋友，這是很自然的。

**敏** 剛才你提到的分類，我覺得真是非常貼切我們身邊會見到的朋友類別。我又覺得我們應該要先整理好自己，究竟你對朋友的預期或要求期待是什麼？你需不需要？還是不要有這些預設，坦誠去交朋友，純粹

是當下我們現在相處做一件事，或者相處食飯都誠誠懇懇，慢慢就栽培到一齊成長變成第三種最珍貴的朋友呢？

可能是從自己出發，好像佛家的説法「一切唯心造」，由我們的心出發，那麼那些朋友就會出現，吸引到坦誠的朋友過來。

盧　吸引一些高質素的朋友來，但都要看場所。要在怎樣的環境下找這類朋友呢？毫無疑問在蘭桂坊找到的機會就一定比較低。

何　在酒吧都有高質，只是此高質不同彼高質。

盧　交朋友是要考慮場合，你在什麼場合或處境底下，純粹地用心交朋友呢？其實參加宗教組織所交的朋友可能會比較好，或者學校現時有很多課程，當中認識的可能會比較純真一些。如果你去那些酒色財氣的地方如麻雀館，又或公司都很難認識到純真的人，還很容易被人利用。

何　所以我們應該怎樣結交朋友呢？

盧　交朋友是一門相當高智慧的學問，尤其是在現代社會

不是那麼簡單。以前耕田農業社會交友的方法就真是沒有問題的，耕田沒有什麼機心，來來去去都只會是「呃你棵粟米」不會令到你破產。但問題是現代化的商業社會就太複雜，所以要找到純粹的朋友是要看場合的。你要主動地去參加不同的而且比較純潔的活動。交朋結友的貼士就是去些安全的地方，安全一些的活動，安全一些的團體，讀哲學我是很推薦的，而且現時很多進修班，確實是提供了很多比較心地善良或性情比較純真的人去參加。

何　有共同志趣。

盧　沒錯！所以先從興趣活動入手，做下一些藝術作品、一齊去唱歌彈琴跳舞等，參加多一些不同類的活動認識多一些朋友。

何　我做過有關戶外活動訓練的活動，發覺特別一些戶外活動，如一齊去攀石、爬獨木舟或者繩網陣等，這類活動是會促進到大家的交流，因為共同的經歷、共同志趣及互相扶持。人的身體機能開始衰退時，你的真心就會展現出來，你會「好忟憎」，你會願意去幫對方，幫有需要的同伴分擔下背囊，這些可以幫助到自

己去交朋結友。

盧　我覺得去參加這類活動很好，不論是攀石、行山或潛水等，因為那些人本身都是對這類事有興趣。當然亦都有可能有些人是存有機心，那是沒有辦法避免。無論哪一類社會任何場合，總是有要機心的人，那怕讀哲學課程都會有這類人，所以這一點我們暫且排除，總之「害人之心不可有，防人之心不可無」。當然找一些安全場合這個風險系數低一點，所以從最簡單的行山、游水、扒艇或獨木舟等，這起碼志趣相投，而且這種友誼都會保持得比較長久一些。

敏　你令我想起一段回憶有關志趣相投，我的工作經驗裏面如果目標一致，大家都會很快速地達成朋友，尤其是如果身處外地。我以前在外地拍電影時，電影中的工作人員通常次次都不同，尤其是去到外地基本上全部都是不認識的。但因為大家有共同目標——「要做好部戲」，為了達成目標，大家眾志成城，大家很快做到朋友，好像家人一樣，這種友誼其實好深的。當然拍攝完回到香港，大家各自四散，但是你很多年之後再見面，那份友誼是還存在的。但 Dr. Lo 提到一點好重要，大家可以記住「害人之心不可有，防人之

心不可無」。

盧　交友要常常帶住這兩句去保護你自己，但同時都要放開自己的心靈。如果你完全不放開，別人都會有同一個顧忌，你很難交到真正的朋友。我覺得有共同奮鬥而且志趣相投的計劃或者活動，而你能投身於其中，你能夠結交到的朋友的機會大很多，這是真的。我們在很多場合都可以看到，一齊做報告的又真是會認識到一些比較長久良好的同學，而且比較能夠保持關係的朋友。從報告開始的，這些都是比較純良的條件環境底下結交的朋友，所以活動是有關學習又或者義工，我覺得都是值得去參與來結交朋友。

何　這個就是我怎樣結交的朋友，但我們可以怎樣去保持這個友誼關係呢？因為特別在這個世局，很多人會移民、工作會轉變和生活環境都轉變左很多，我們怎樣去保持這個友誼？

盧　這個都是一個很高級的藝術。

何　因為我有些朋輩會在社交媒體度放一些相，突然間發覺他原來已經不在香港。我都試過與朋友在網上嘗試保持聯絡，發現有一樣東西很重要，就是不要只

Like 但不留言，不要只純粹 Like 了就算，你要與他交流，用文字表達出你對他的關懷及關注「我見到你張相，你喺唔喺有唔開心？」「我見你工作好似愈來愈好」這類說話。

**敏** 人的關係及地域變化，轉化了我們保持友誼的方法。好似有一種 Far Away So Close 的感覺，好遠但又很近，就是要轉化這個變化。

**盧** 現在有很多新的科技與以前要保持友誼的方式，如寫信或寄卡，已經不同了。

**敏** 例如：在五支旗杆下等。

**盧** 以前失去朋友的機會大很多，現時可借助科技增加朋友同保持朋友的機會，但亦都令我地花多了時間保持友誼的題目上，要做多了不同的功課。

**何** 保持友誼是要做功課，Idris 是怎樣做這份功課呢？

**敏** 這一份功課是很長而且是一生人的功課。我覺得由自己出發，而我自己比較反思性強，可能在哲學中學到很多反思的技倆，你會審視下自己現時所做的事，然後跟住看對方，尤其是剛才說 Facebook 你見到別人

生活得怎樣，你又看下自己的感受怎樣，你與對方溝通的時候，善用這個空間，不要純粹 Like。反思自己在那麼遠的距離裏面，你是否真的了解這位朋友，如果你真是關心他，你需要傳遞到這個訊息給他，所以你首先從自己出發，是否真是關心他？還是你純粹只 Like 就算？又或是你心存僥倖想他未來能幫到自己？我抱住一個想法：你對別人好，別人不一定對你好；但你對人不好，別人一定對你不好。

盧　所以我覺得這個好有啟發性的功課，這裏有兩種功課：有一種是不要做，不要做一些破壞友誼的東西。這就要注意及保持那些能夠增益你友誼的東西，做多些聆聽者。這分成消極面同積極面，消極面就是不要在朋友的 Post 作任何的挑戰或者質疑，因為有時就是語言表達時，想表達一個對他的 Post 想法，令他做得更好的時候，如提點，你要考慮當時的場合適不適合，不要太 mean 如「你張相的角度可以調整得好一些」。

何　「你張相肥左咁多呀！」

盧　提點是可以的，但不要在該地方及要留意用語的

語氣。

**何** 如果光少少及側面多少少角度就更靚！

**盧** 所以在這點上要考慮自己的表達方式，很多時候朋友之間的友誼保持不到就是語言表達方式出現了問題，好心做壞事或好言相勸變成別人聽起上來惡言傷害，要留意自己的修辭技術，我覺得是很重要的，同樣內容聽起上來可以很不舒服，又可以聽起上來可以很舒服。與朋友相處當然你要注意這一點，但是你是不是一路講好說話呢？又不能這樣，因為這樣就變成假或虛偽，如 Post 什麼都讚好，你讚好得來要有真情實感，最重要有真誠！你可以從那感受出發來去說一些具體的東西。你讚人都要讚那個感覺能具體認同你的東西，這樣你才能夠可以令到別人聽起上來舒服。

　　第一點就是不要太刻薄，說話不要毒舌，不是人人能底受得住的。「我見你喺我朋友先咁講嘢。」然後後面的說話很多時候都不堪入耳。

　　另一方面要維持友誼要主動付出，但這個真是要考慮，因為人生有限，你要增益友誼但你又不可以投入所有你的時間，都要從亞里士多德的三類朋友進行思考，那一些是值得去花時間，花精力去維護及促進

友誼的關係。

**敏** Dr. Lo 剛才說得很好，修辭要注意，什麼時候要說什麼事，什麼時候不要說什麼事，善用這個態度，自己小心處理自己的說話，遇到好的朋友，大家是志同道合目標一致，其實經歷一些共同成長的時候，這些朋友應該可能一生一世。

**何** 朋友最好用交流，好像我讀哲學的時候，我班的同學多是年青的朋友，我怎麼與他們交往呢？與我同年的人問我怎樣認識到一班年齡比較小的年青人，我答他你當他們是你朋友，我當他們與你一樣，不要老是用教小孩子的口吻說：「我哋而家年紀大咗，嚟妹我教你做人啦。」你一說出這句話，對方心目中就會想「拜拜叔叔」。我覺得要有一種坦誠的心，不要當自己是一個怎樣的人，最重要坦誠。

　　我有一個前輩，他今年已經七十多歲，但他還很壯健，香港行山界很多人認識他，年青人見到他就叫王 Sir，他表示「唔好叫我王 sir，叫我名。今日有咩可以教下我？」他與十多歲的年青人都是這樣，永遠都保持一個年輕的心與人交朋友，所以他有多朋友，什麼年齡層都有。其他人見到他很開心，打招呼有交

往，而他個人都保持到活力。交朋友時坦誠是最重要，真誠之餘還有種坦誠的心。這個都是要慢慢做的功課，要好好做你的功課，希望大家都有些真誠的朋友，一生一世的朋友。

# 哲學諮詢師對談
# 青春

**主持**
盧傑雄博士（盧）、何紹源 Deo（何）

**嘉賓**
何敏珊 Idris（敏）

何 這次討論我們看似沒有看似還有的青春。不如由最青春的 Idris（敏）先談怎樣看青春這個課題。

敏 「青春是我的名字」— 是很多人都希望得到的，青春是大家都期望維持永遠都能與你在一起的，會追逐的東西。

何 長春不老！

敏 正面、有活力、有希望及朝氣，大家都很怕失去。我認同，而且我覺得這個可能與心境有關。老實說我長期不是很覺得自己不青春，當然有時會消失，有時不見了。當你有事情想做而做不到時，表示青春就會消失。但當你做得起勁、很如意、暢所欲言、手到拿來的時候，就不會思考青春這東西。你們的看法是怎樣？

何 對我來說青春是很好的東西，我有做青少年訓練，長期見到別人很青春。他們對我來說是愈來愈青春，但其實他們伴隨很多煩惱。比如本身人生的課題是怎樣？怎樣去自我定位？怎樣去面對轉變？他不再是小朋友，青春大家都經歷過，青春就是你有很多不確定性。正面地看就是我們多了很機會，但都會有負面情

緒，到底我是什麼？我有不少當事人的兒女，有些變成有隱青的傾向，或者是會沒有人生方向。有時青春這個詞，本身可能我們年長，覺得青春好正，但青年人可能會覺得是一個好難過的階段。

盧 我都覺得時代的改變令到所謂青少年，青春期的人面對的問題及他們對生命的感覺大有不同。回想以前我們的青少年時期，所謂青春的生命力，我不知是不是我有偏見，我覺得那個時代的青春就很有乘風破浪的感覺。以前有一套劇叫「乘風破浪」，聽那首歌你就會有那種向前衝、不怕挫敗及挫折，面前是一個無限的生命之可能性。當然我們不是只會麻木樂觀，因為乘風破浪正正是有很多挑戰，很多艱難。但我們會衝過去，很有那個立志或志向的奮鬥。

敏 你現在這樣講都感覺到很青春。

盧 但是你現在看那些年青人所謂很青春，是我們從來都沒有見過的一種現象，就是剛才所提到隱青、毒男、腐女等，這些都是我以前從來都沒有見過。以前沒有隱青及毒男，沒有「宅」這樣東西，人人都會出街所謂「唔黐家」，當時媽媽要「落街捉我哋返屋企」。

現時的年青人就留在家中上網，在虛擬世界打遊戲機諸如此類。我覺得如果從實際青少年的生活來看，他們青春的光芒相對於我們之前的年代是有點兒褪色。好像蒙上一層灰色的悲情，好像沒有什麼機會給他們，好像沒有什麼希望，甚至生命的前景都是有一種很灰暗，沒有出路，不見人都是一個很大的問題來。

何 因為我都有一些當事人，他小學的時候是一個非常開心的小朋友，到中學階段突然之間就變成不想與別人交流，慢慢有隱青的傾向。父母不知道怎樣去處理，是不是要看心理醫生？我就說這不是心理醫生能解決的問題。

盧 不是純粹心理的問題。

何 我們要思考到底這個課題，要用心理輔導或見社工，或者是哲學諮詢師才可以幫到他解決這個問題呢？

盧 這一個是生活本身，第一所謂習慣，第二就是這個生活環境，這個時代的氣氛種種積集而成。你觀察一下現時的教育，已經是令到學生同家長疲於奔命。昨日才與朋友食飯談起，現時有些小朋友的功課是一家人一齊去完成。如果你有兩位小朋友，做父母就很辛

苦，因為父母就是替小朋友交功課的時候，那份勞作功課就看得出這個家長手藝的水平高低。要不就是「請槍」，這就看得出你家境富貴，因為你可以請到專業人士幫你小朋友做功課。

何　我自己經驗是觀察到文學修為，我試過要幫女兒創作一些日本俳句——一款日本詩詞的方式——真是能觀察到文學修為。這些不是隨便上網找到，你自己本身需要先了解格式，然後花盡心思寫，又不可以寫太深，因為她只是小學四年級，你要將個層次降到四年級應該寫到的水平，那次真是完全考驗我的文學修為。

盧　所以我覺得只是一個學習就已經足以摧毀青春。你試想一下他們一日有多少時間是餘閒？根本沒有，連上興趣班都只是工具，你彈奏鋼琴很出色？還是喜歡彈奏鋼琴？都不是，是為了報讀名校。不過現時彈奏鋼琴是基本技能，他沒有享受去做自己想做的事情。失去了自己的空間，他剩下來的時間就要所謂的減壓，減壓最好的方法就是去打遊戲機。他不是用所謂的空閒時間去發展自己的才能及興趣，而是去減壓。你看！做人多麼的辛苦。小朋友就需要減壓，你很自然

就會覺得生活所有東西都很疲累，上學很疲累，學各種興趣班都很疲累，所以就躺平。

何 這個課題其實都很嚴重，一個那麼快樂的年輕人為什麼會變得不快樂呢？青春為什麼變得那麼殘忍呢？

盧 其實是延續我們香港的教育，香港那種文化及氣氛，是這種疲累轟炸的學習生涯當中，你就失去了我們以前那種無憂無慮。我們以前放學就去玩的心態，去打球行街，總之四個字——無所事事，沒有重要事。現在就全部做重要的事情，為了要讀更出名的學校，為了你要入更好的大學，為了你得到一份體面的工，你就不能夠掉以輕心。每一刻我們都要增值自己，這種的壓力及生活沉重就是常常都要增值自己。

敏 一切都是為了規劃人生。

盧 要增加自己的競爭力，承受得到就無問題，但承受不住就覺得整件事都很令人崩潰。

何 我覺得 Idris 說得很好，他們為了規劃人生，但人生目標是什麼呢？他們就答不出來了。目標是讀大學，但為了些什麼讀呢？我試過問當事人的父母，他們理

直氣壯答：「我喺為咗佢好。」但什麼是好？怎樣才叫好？是不是好像你這樣做就是好呢？那麼我想問：「咁你自己快唔快樂？你開唔開心？你人生意義係咩？」父母就啞口無言。如果交情比較淺的，就即時Unfriend 我了。

盧　他們會覺得你幫不到他們。

敏　因為面對生活壓力，你要他們去思考這些個問題，是好沉重的。他們都要為生計，為了他自己個所謂「規劃好的人生目標」進發，你問他理想是什麼？

盧　青春這一個概念真是時移世易，以前做年青人的那種青春光輝，很吸引人。而現時所謂年青人的青春，你就覺得是浪費那段時間。年青人應該是要朝氣勃勃或者是一種生命拼搏的那個熱情階段，應該是去探索不同的活動，要多一些不同的經歷及閱歷。是一個很重要的成長階段。但是問題就在於現時不是那麼容讓青少年朋友有這種空閒去做，所以都不能怪那些人為什麼有小朋友都會移民呢。確實的情況你能觀察到那些小朋友，通常去英國又好及加拿大都好，他們會開心很多。他們玩的活動完全不同，學校有泳池，會行

山，在草地與牛羊玩樂，整個人是比較以前是開朗。其實我們是不是要檢討下，究竟為什麼那些小朋友及青少年，在香港失去了青春歲月？還是我們錯誤地理解青春歲月呢？

敏　又或者青春變了質。

何　我有一位朋友以前是社工，之前他們做青少年活動就是思考下有什麼可以玩。但是現時做青少年其實你面對的問題就是毒品、濫藥、隱青、濫交等，全部都是負面因素，當然現時都不會有年青人去青年中心了。

盧　青年中心沒有年青人。

何　老人中心通常很多人，如果是青年中心十之八九都是人煙稀少，沒有人。他就說你放遊戲機給他們玩，但問題是為什麼他們要在這裏玩遊戲機呢？他們自家沒有？他們是要 online 玩遊戲。

敏　其實有一些年青人是在轉化中。我們剛才都提出了我們感受過的青春是怎樣，現時的青春又是怎樣。其實我又觀察到及聽過有一些年青人，他們都會感受到這個時勢年代的變化，繼而他們好像走到最自然最本我

的空間，譬如他會一組人或者一兩個知己去遠離城市的地方生活。不需要水電，食最簡樸的食物，自己種的食物等。回歸到最純樸的自己，因為他可能感受到這個時代的發展，不單止青春的衝擊，繼而去尋找空間。我覺得他們都承接到莊子所講的「化」，在變化中的年代，自己轉化出一種生命出來與變化一起同行，找出自己的人生。我覺得他們很自在，當然這類人不多，父母覺得很艱難，「你讀到碩士，你走去耕田？」

**何** 我有同學真是去了加拿大耕田。

**敏** 香港都有人到離島執拾別人稱為垃圾的東西，但他將它變成家具。這些社區很團結，會將一些不要的東西、差不多不要的或者完好的送給他們。大家是很贊歡地互相支持，會不會我們理解的青春在變化中？

**盧** 我都認同這一種觀察，青春有一個好很強烈的特性就是追夢，現在確實有很多比較有條件的年青人去追夢。通常都是在大學或以後追夢。我都發覺那些所謂的追尋，並不是商業社會的那種價值觀，我們稱之為文青。

文青現象就是一個新的現象，我們以前都沒有。我們以前會覺得文藝青年「好老土」，以前不會説做文青，而現時這一個概念確實是點出這個轉化。這個轉化就是與我們剛才提及到的現象有關係，就是現今社會這套資本主義的價值觀，令生命失去了一種意義和價值，顯示出這樣生活不是辦法，令到人沒有辦法得到幸福及意義。所以很多人向人文價值這個方向出發，去發展不同的生活方式，包括結合環境保育，對於環境的價值推崇。有一些則去保護動物，有一種如Idris 剛才提及到的回歸自然，人與環境，人與其他動物關係的修復。這正正就顯示出不是資本主義式的那種價值追求，不是只講金錢，不是只講升職或佔多少便宜。這種變成文藝青年的青春追夢方式都是近年蓬勃，尤其是獨立書店，一個現象你見到真是不是為賺錢的，而且經營真是很艱難，但他們每間都很有特色的。

**敏**　這正是以前討論過的，個個商場都像 copy（複製）出來，間間商場都一式一樣，完全不一樣了。

**盧**　一種抗衡。

**敏** 歷史是需要時間的，我確信過一段時間就會有香港味出來的，有些藝術家都是這樣的。

**盧** 這是一個可喜的現象，一種藝術的普及化，亦都創造了一種非商業味道的生活方式。

**敏** 活出本我。

**盧** 所以這個文藝空間確實提供一種文藝青春好好大展拳腳的地方。

**敏** 好似在一個資本主義底下的「唞氣位」。

**盧** 可以「唞氣」。

**何** 而且突破了這個社會既定的概念——「我們必須如此這般」，有突破就可以做自己想做的事情及想實踐自的我能力，就如莊子所講。其實不是躺平，你要用自己的能力去在限制中盡量發揮。你去駕御你所遇到的事情同掌握條件，都是一個我們在哲學上可以看得到年輕人應該是怎樣去生活。因為剛才提到的文青多受過大學教育，中學生其實都有，愈來愈年青化。我們可以怎樣將這個概念轉化，再將它普及，怎樣分出應該去做什麼？不應該做什麼呢？

**盧** 當然不是容易解答的問題，但青春就有一個特性，想到就去做，就去試一試，否則就好似對自己青春的時光沒一個交代！

**敏** 人不風流枉少年！

**盧** 要勇於嘗試，有時候都要瘋狂一下。

**敏** 年少輕狂！

**盧** 沒輕狂過就有未老先衰的感覺，這個對錯的分界線，當然最最最重要的清晰界線，就是不要傷害自己的身體，這個就比較清晰。因為如果你瘋狂得來是會令你失去了以後的人生、死亡、傷殘或者患上嚴重的疾病等，這些都不值得嘗試。至於其他涉及犯法及面對被囚禁，這個代價很大，要小心權衡。至於其他的，我都覺得可以就自己的選擇來去想清楚應不應該去做。但是年青之所謂年青，瘋狂一下都是要的。這個是一個對自己年青的交代，但當然最好在活動方面，不要太受主流價值觀去限制自己的選擇或人生生命的各種可能性。如果做一些選擇只是為了自己升讀名校、是為將來工作鋪路、多一些追求者或者多一些男女朋友，這些就比較膚淺。

敏　我想起以前拍電影有一套戲是要找很多年青人，全部都是年青人。我們不挑選明星，所以我就街上尋找。用社工的話就會稱為「去執仔」，我周圍去做了很多 casting（試鏡）和 interview（面試），我想起如果當時是哲學諮詢師，我就會有一些方法與他們傾談。而我當時就用了一個 casting（試鏡）的方法與他們傾談，我聽到他們很多故事。我都聽到背後有很多東西令到他們有一些狂妄的行為及態度。對於我們拍戲當然是很有用的素材，好喜歡。但如果是諮詢師與他們傾談，其實可以用哲學諮詢的方法，逐步逐步與他們一齊在傾談當中，令他們見到自己。我不會說幫到他們，而是如 Dr. Lo 所說，去開拓一個新視野，有新的知識，繼而你狂妄起來也不會傷害自己，不會傷害他人，有一條路給自己行。回想當時，有一些年青人太過狂妄，我都覺得有一些危險。當時他都覺得自己有一些行為及說話是不應該的，但是他不能控制到自己地狂妄，所以真是要自己承擔後果。

何　我都記得 Dr. Lo 提及過有些人的人生沒有意義，是 Nothing matters，或者我就是喜歡狂妄，所以沒有所謂，什麼事情都沒有所謂。有一些人是什麼都不做，

有一些人就什麼都都亂做。所以 Nothing matters 這個概念是重要，要先釐清什麼是 Nothing matters 是怎樣的一回事。

**敏** 有後果的時候就 matter 了。

**盧** 始終人生當中有很多你關注的東西，你確實需要想一想你沒有了自由，是不是那麼容易承受。你不仔細思考時，當然是很輕鬆。「冇左條命味冇左條命囉」，講是非常之容易，但當你真是失去的時候，如失去一隻腳，少了一隻腳的生活是怎樣的？是很不一樣，所以我覺得所謂「狂妄」，不要只是思考做一些危險事、不顧後果、傷害自己或是要違反道德。舉一個狂妄的例子，我最欣賞的例子是王陽明。王陽明少年時候是非常狂妄，是什麼地方狂妄呢？他跟老師說他要做聖人。老師教他讀四書五經，王陽明就問老師讀四書所謂何事？老師當然說「學而優則仕」，升官發財為官祿。但王陽明就說不是，為什麼要讀書？就是要做聖人。老師覺得說出這些話的人真是狂妄。而其他學生都很驚訝，都覺得這個人真是狂妄，我們讀書都只是想做官，他竟然要做聖人。這種就是青春，那種志向，超凡入聖超出一般人的眼界，才是真正的狂妄。

絕對不是從一棟大廈跳向另一棟大廈就叫狂妄，叫做青春，此莽不同彼妄，那些叫魯莽。沒有好好去珍惜生命的價值，變了 nothing matters，沒有什麼東西值得關注，包括自己的性命。我跳來跳去仲有幾百萬的點擊率，但請問看不看到呢？你「瓜老襯」的時候就沒有人看了。所以在這點上要好好考慮，所謂青春這樣東西都是要擴闊我們的眼界及見識才是最重要。

何　要趁青春時就應該四圍去闖一闖，見識下這個世界不同的人及不同的知識。

# 哲學諮詢師對談

# 工作

**主持**

盧傑雄博士（盧）、何紹源 Deo（何）

**嘉賓**

李孟霓阿 Be（李）

何　工作佔了我們人生很大部分，大家都會問「做人做咩要返工？」所以很多人都在這個題目有些疑問。我是不是一定要工作呢？我躺平有沒有問題呢？同時工作的意義是什麼呢？

李　我想躺平是很多人的夢想，我有聽過現時的年青人開玩笑地說夢想就是領取綜援。其實在香港這個地方躺平都不是一件容易的事，但是想找到工作的意義也不是那麼輕鬆，因為在工種上可能來來去去都是某一些行業比較容易賺取金錢，或者成為專業人士。如果你天生的興趣或天份未能適合香港這個講賺錢的地方，我們去談工作的意義是會令人感到煩惱。

盧　你其實都是從事一個很有意義的社會工作，似乎我們選擇一些有意義的工作，那麼工作就有意義。你作為一個親歷其境，有意義工種的工作者來說，你有什麼看法呢？

李　被標籤有意義！我又不想令到大家聽完後覺得變成沒有夢想，要有做「打雜」的準備，真是什麼都需要做，其實有時要做很多與外表上性質不一樣的事情。
　　怎樣才是有意義呢？有多少是你自己想做？又或

者為什麼別人會覺得做社工就是有意義？通常都會話「能幫助別人」，但幫助別人就有意義，好像不是為錢了。你做很多的專業都不是為錢，那份工資都是固定，那麼是不是一份固定的薪金對人的工作就是有意義？同時為什麼幫助別人就等於有意義呢？你做的事不一定是喜歡，不停地幫別人申請資助或公屋，這個過程就很有意義嗎？我想要在工作當中尋找意義感，可能同我們自己自身想發揮哪一樣能力有關係。

何　自我的期許，我想要一個怎樣的人生？

李　可能申請公屋都能幫助別人，但真是沒有意義感。

盧　在這個工作的問題上面，我們就要分開所謂工作的性質對一般人而言是不是有意義呢？我們先從工作所謂能不能夠對社會有貢獻而產生意義感來開始思考，一般都認為教書是作育英才，對社會來說是一件有價值很有意義的事，所以做教育工作者是很有意義的。

又例如醫生，醫護界救死扶傷又是很有意義的工作，或者社工亦都是，幫助有需要的人。但是從事這類工作的人就不一定能感覺到他的工作有意義，即是這份工作是有意義與你工作有沒有意義感是兩回事

來，不一定做一份所謂有社會意義的工作，就令到你工作有意義，或者甚至喜歡工作及享受工作。

**何** 有時是工作令到你覺得沒有意思，如 Dr. Lo 提到的醫生，可能醫護人員要在七十二個小時都在工作。我駐醫院時見過一些醫護人員，他不知道他的人生是為了些什麼。有一個個案是急症室的護士，他說「其實我救那些人究竟有什麼意思呢？」他是在油麻地某間大醫院工作，進入醫院求救的人，很多時是毆鬥或醉酒等，或甚至是作奸犯科的事情。他問「我救他們是不是有意思呢？」所以好像 Dr. Lo 所提到，我本身的工作會磨蝕當初的意義。

**李** 有時做過量都可能會，又或者工作的部分性質是真的幫助到別人，但有一部分可能要做很多不相關的事情，所以你都要了解你工作的內容，有多少比例是你本身想做的事情。

**盧** 工作上幫到人，但是你做那份工作的時候，第一，是不是直接幫到人呢？事實上有很多事情同你幫到人這個效果距離太遠。你只是幫他填表格，填完表格是不是真的幫到他呢？

第二，所謂幫到人就要了解幫到的是什麼人？幫上司升職？有些時候似乎你幫到人，其實你回看可能是你幫他申請到資源、金錢或一個居所，但是他都沒有改掉他的惡習，繼續吸毒或濫藥，你幫了他什麼呢？

　　醫生都會有同樣的感覺，再救你，但他繼續打劫應該怎樣辦呢？我想我們先回到根本的地方，我們覺得沒有意義，可能同我們想要實現的目的有一個距離，甚至有衝突。

　　希望幫人但幫不到人，做了一些與幫人沒有關係的東西。想救人就是希望被救的人是會令到個社會好一些，但被救後他繼續為害社會，這不是與我們想要達到的目的剛剛相反嗎？

　　退後一步來思考，人透過工作來去實現我們的理想，而在這一點上面，我們可以設想一下，為什麼實現理想一定是要透過工作呢？工作與做事，是不是同一樣東西？即是說我們有幾個不同的概念，現代社會還未出現的時候，我們沒有所謂受薪的工作。以前的人耕田，沒人會出糧或支付薪俸給他，是自己出糧給自己。但是人都是需要勞動，你想像一下以前男耕女織的社會，那些婦女都沒有上班工作而留在家中。但

是留在家中不代表不用工作，都需要勞動，所以勞動還勞動，就業還就業。

就業就是我們現代人的觀念，返工就有糧出，所以這一種勞動就是有糧出，就不是純粹的勞動。即是說我們實現我們的人生理想，其實嚴格來說是可以不用上班，意思就是你可以是勞動，但是不需要一定要出糧，例如家庭主婦或環境比較優越的人。家庭主婦都是實現人生理想，她有沒有糧出？沒有假放同時沒有糧出。從這角度，我們就要思考為什麼我們那麼多人上班工作但不開心呢？有沒有可能與我們的工作性質——就是有糧出的這一點，有一個令到我們扭曲了勞動的意義呢？

我們都有個很共通的社會現象，爸爸媽媽都想兒女找到「筍工」，甚至很多人都想要有份筍工，但是什麼是筍工呢？不用工作而有錢？工作少少但搵很多錢？高薪厚祿悠閒職？但其實如果你這樣說又有一個問題，工作至少佔你一日八個小時，睡覺又用了八個小時，一日二十四小時大概只餘下八小時。計算交通及食飯，然後就是餘閒的時間。你要實現人生理想的話，若然你的工作同人生理想一些關係都沒有，這樣其實很好痛苦，因為每天只是剩下很少時間，剩三四

小時，這樣很難去實現你的理想。所以整個現代人的工作體制，其實是不會令我們做我們的理想，同實現自己理想的事情。

**李** 因為佔據我們很多時間，所以工作變了要談及意義。

**盧** 如果我們要解決這問題，我們就要改變對筍工這個觀念，我們是否只是求一份人工高的工作呢？

**何** 我們不可以單純地考慮薪金回報，滿足感都非常重要。我有一個教師朋友，他不是在發達地方教書，就算他是在美國的名牌大學畢業，他都會去山區或戰區地方幫人、教書及起屋等。這些可能就是意義的追尋。

**盧** 我都有個學生在讀書的時候立志要做戰地記者，危險性高而且人工又不穩定。但這個是他的理想，一般人所謂的筍工就絕對不會包括戰地記者。我們所謂工作之所以不開心不如意，是你心中的「筍工」大部分都沒有你的理想掛鈎。

**李** 那個只不過是理想生活。

**盧** 那個不是理想生活，而是舒服生活。舒適生活與理想

生活有分別，活得舒服自在，是不是不用工作只看電
視煲劇就叫理想生活呢？

何 都不一定，一個人會想實踐自己的理想，等自己的能
力得到發揮，才能夠得到大的滿足感。

李 如果要談及意義的層面就會觸及到自我實踐這一點。

何 沒有錯，因為有很多社會研究都發現薪金高到某一個
階層，再增多就是沒有意思，反而他會覺得整件事變
得沉悶。我是不是要找第二種事情做呢？所以很多四
十歲的人會想到轉工──中年危機，因為他們當初
是為了舒適生活高回報而不是為了實踐理想。

李 所以現時很多都賺取到金錢後之談財務自由，之後再
談理想。

何 我之前在大嶼山回市區時，我在巴士站遇到一位女士
在掃地。我見她掃得很愉快，很少見人掃地會開心。
我問她今日生活得怎樣？她覺得自己人生不錯，自己
有手有腳，可以靠自己而不用申請綜援，還可以清潔
地方令大家玩得開心，她覺得這份工有意思有意義。
我覺得很有趣，好少人會說一份清潔工是有意義的工

作。但她 feels very good 或「我感覺非常良好」。其實意義的追尋是不是要定得很高？還是我們可以賦予意義呢？

李 剛才你提及的清潔姐姐，我會思考她在一個人生什麼的階段呢？如果一個年青人是這樣的話我會更加好奇。剛才的清潔姐姐可能已在人生經歷了很多上上落落高高低低，對她來說簡單專注去掃地，然後可以令到地方很乾淨，又可以靠自己支持自己的生活，是滿足她自己本身的定位或人生角色。人的意義或工作意義很多時是來於自己人生現階段怎樣看自己的角色定位，這應該與意義感有一些關係。

盧 意義感的產生，其中一個很重要的是，自我掌握自己生活的程度。好像剛才舉出清潔姐姐的例子，她很自豪自己不用申請綜緩，不用依靠別人，而可以靠自己自食其力，這就是對自己作為人生主人的一種自我肯定。這一種自我肯定，當然能夠提供你這一份清潔工作的滿足感及意義感。每人都不同，我們亦都知道，很多人認為你做清潔工人有什麼意義？做洗碗有什麼意義？那些都是比較低下的工作。以前中國人抱持「萬般皆下品，唯有讀書高」的觀念，這令得家長就

往往對子女及一般人有種成見，認為在工作上做不到一些比較是知識水平高的或者領導性的崗位，你就會被領導，被領導就不是好的工作，不是有意義有價值的工作。這種說法很明顯就是排除了可從一些普通的工作中，都可以找到自己的意義感。很容易產生憂鬱或者對自己的工作不能夠得到一種肯定，甚至會有一種懷疑，懷疑自己的人生，為什麼要淪落到要洗碗或者在街上掃地。

何　我們不會聽到為什麼我淪落到要做工程師。

盧　這明顯會因為自己的成見，令到自己不能夠在一些普通的工作當中得到一種意義感。

李　其實都很受一些外面的價值影響，我們身處環境裏面，我們的價值觀的而且確很受文化建構，然後就會用該套外面的價值觀或大眾價值觀，去評論自己做的事情是否真的有價值，再定立其意義。但以剛才清潔姐姐為例，其實我覺得她超脫了這種價值觀，沒有被大眾的價值觀綑綁著，而是在掃地的過程中很投入那一刻，好專注地去做那件事，她就可以很開心快樂。這個開心同滿足感裏面，其實我覺得在談及意義

時很難撇除主觀的感覺，但這種主觀的感覺就是在於她自己可不可以是投入其中，過程當中她自己找到滿足感。這樣其實是每人很不同，是不是需要用一種我做些什麼就等於我是什麼呢？別人怎樣看這個社會裏的階層？不過要擺脫這些想法，其實又真是不容易。因為其實你賺取到多少金錢又會影響你的生活，影響你身邊的人及社交。我見到我去接觸的人當中，很多的困擾都來自究竟想做一份穩穩定定賺取到金錢的工作，還是只做 part time 做一些自己喜歡做的事件呢？經常都會有這樣的困惑及掙扎，正正是因為要考慮其他人怎樣看自己，他可不可以維持現時的生活。

盧　所以要思考你的社會觀念怎樣去演繹不同類型的工作方式。現時有斜槓族或 part-timer，他就是做不同的工種。社會都慢慢在轉變，怎樣去調息自我定位，就顯示出我們自己掌握自己工作同生活意義的重要性。

　　不是等待社會去認可你那個觀念才去做，而應該是自己嘗試去探索及冒險，然後多了人去做才有斜槓族的出現。斜槓族的出現就是有一些人不同意這個主流的工作觀，有勇氣做一個生活的冒險，慢慢就發現這樣的工作方式其實都有它的價值同意義，更加適應

社會需求。

**何** 完全同意，其實意義不是別人給我們，而是怎樣賦予意義在工作上。我有一個高收入的朋友，他做工程師升職，成為一個部門的領導，他表示不知道自己做什麼？經常都問自己到底在做什麼？很明顯他賦予不到自己工作上的意義，我們可以怎樣幫助他呢？

**李** 他不知道自己在做什麼但又升到職？

**何** 他工作做得很好，完全符合上司及工作上的要求，但是對於他來說這工作沒有什麼意義。

**李** 好奇他當初為什麼選擇做工程師？他的初心是什麼？

**何** 總之就有什麼就讀什麼。

**盧** 社會當時有什麼筍工，就好像現時問大學生為什麼讀這個學系一樣，讀完容易找工作，但他從來沒有思考過我出來社會要做什麼，工作有什麼意義。

**何** 我有個朋友做律師，為什麼要做律師？因為爸爸喜歡他做律師。

**盧** 父母期望。

**李** 這要再尋找多一點他本身的興趣或自己能力及專長在哪裏。你希望找到有意義的感覺，很難與剛才提過的自我實現有一個很大的偏差。可能他真是由細到大都被香港城市灌輸了賺錢、賺錢及賺錢，買房或者「四仔」的生活才叫理想人生。但是要去深思其實我自己要實踐自己，思考我是誰？我的強項、興趣及喜歡做些什麼？可能小時候曾經會有夢想，但長大後被灌輸了不同的東西，去追求四仔的生活。這要花時間去擴闊他的視野，人生是什麼？雖然可能我們用八小時上班就已經很理想，其實十多小時上班後餘下沒有多少時間。但如果他生活慢慢穩定時，可以用這些工餘的時間去探索一下他本身有什麼興趣，或者去做一些覺得實踐自己的事情。

**何** 有當事人問我這類問題，我通常都會叫他試下思考想做些什麼。不用即時辭職，而是可以用工餘時間做其他事。另一位朋友又是工程師，他比較幸運，他是政府舊制下的工程師，每個禮拜四天上班，他會留一天去做義工的，做一個斜桿族都是發掘興趣的方法。

**盧** 在香港，大多數人的工作只是有工具價值，只是獲取你所期望的薪金。所以在這點上面很容易迷失，所謂

的迷失，由於工作太久，所以連原有的理想已經忘記。唯有追求更高薪，一輩子就是尋覓什麼時候加薪及升職，忘記了究竟工作意義是什麼？只是在這一個工具上或工作上去尋找所謂要勝過其他人，錢多過其他人，假期多過其他人，來進行比較，來獲取滿足感，這是多麼的可悲。你很難真真正正令到自己的工作同自己的人生真正結合在一起。所以見到很多人的現象就是所謂 Work Life Balance，其實是沒有改變到自己工作的意義。所謂 Life 只不過是減壓，可以在假期去舒緩自己，然後繼續再去上班工作，工餘時間麻醉自己，而上班的時間就迷失於所謂金錢、職位或者權力等等。

何　談工作意義我們要反思我自己到底做什麼？我想做什麼？我的工作對我的人生有什麼意義？有什麼是有意義的活動？不一定是工作，做義工時會見有很多不同的人做義工，什麼人都有。你會發現有高薪厚職，有基層，他們都會做義工。因為他們自己的工作沒有意義，所以就來做義工。

盧　我都見很多人 enjoy 去救貓貓狗狗。他們很熱心，他們不計較有多少回報，甚至會自己出錢。你可以在這

見到有意義的勞動同無意義的勞動的分別。

何　所以工作的意義，其實是你要賦予自己生命的意義，
　　同人生一樣。

# 哲學諮詢師對談
# 父母與子女

**主持**

盧傑雄博士（盧）、何紹源 Deo（何）

**嘉賓**

李孟霓阿 Be（李）

**何** 我們不如討論父母子女的家庭問題，這個話題很闊，因為香港及世界都是很複雜，或者我們集中討論在現世代父母子女之間的溝通。身處在這個網絡世界之中，大家各有所好，可能一家四口喜好不同的KOL，四個人不同的網站，四個不同的關注。不同以前看電視時，一部電視一家人一齊觀看及分享。現時變成各自各，不用爭電視，只會Wifi有問題，但現時的溝通可以怎樣做呢？

**李** 確實見到很不同，以前說代溝是「三年一個代溝」，現時可能三個月。因為資訊太多太快，年青人可以追資訊的能力，遠遠會高於他們的父母。如果想要緊貼潮流，隨時更新到他們子女的資訊，做父母真是「慘過跑長跑」疲於奔命，才可能更新到一小部分，或貼近談到一些相關的話題。所以我感覺到大家的溝通是愈來愈少，比較接受到新事物的家長，會嘗試用手機去Whatsapp與自己子女溝通。而那些不習慣去用電子溝通的朋友及家長，久而久之真是非常難與他們的子女溝通。現時年青人或小朋友的問題與以前不一樣，不會再有舊年代要「出街執細路」的事情發生，現時全部匿藏在家中上網，就已經可以生活，父母

完全沒有他們辦法。很多這些問題出現，不只是十多歲，可能到三十歲都是這樣，幾年間都沒有外出，加上疫情就更加有一個理由更加不外出。

何　可能反而是子女會擔心父母信了某些 KOL 或追隨了一些網騙的人。

盧　被誤導或誤信不確定訊息，如不要食一些食物或去某一些地方等等。

何　可能有很多問題除了意見衝突外，生活上如何相處或處理衝突，大家都不明白對方的想法。

盧　我想這是一個新時代的問題，當然我們以前的時代都有問題。不過現時的問題就好像變了質，以前的家庭問題通常不是溝通問題，而是家長比較專橫或霸權，子女是沒有話語權。以前年代是家長一言堂，所以子女與家長往往就有一種很大的張力，動不動就提出你這個「不孝子」，只要提到不孝就跪低，很重視孝。但現代又漸漸改變了這個生態，有了所謂虎爸虎媽直升機父母。現時就反過來變成子女的奴隸，即子女喜歡做什麼就去配合他，遷就他，百般讚賞，同時要製造一個開心樂觀溫柔的生長環境，不要給他們有任何

的挫折挫敗。變成有很多媽寶，我們現時的問題是有很多媽寶問題。

**李** 其實身邊的朋友都有不小部分成為這樣，而有部分則是環境塑造到他們不能不這樣。因為絕大部分家長都是用這種方式及文化養育小朋友。我又可以說有進步的地方，就是比較著重小朋友的感受，同時他們又觀察到小朋友的問題，又提升到其他層次，如現時的小學生就已經有焦慮症狀。

**何** 會不會是多了關注呢？

**李** 這就不知道，但是他們早熟的狀況超於預期。我都有經歷過做小朋友的時候，會出街跑跑跳跳，但是當年不會無時無刻用一個成年人的口吻與人溝通，但是現時的小朋友個個都很「老積」，看似讀 K3 但已經小五樣子。所以家長都進化了，懂得從子女的感受出發，同時間小朋友進化更快，好像八歲已經是成年人而不是十八歲，所以問題複雜性很大。

**何** 我都覺得現時社會問題相比我當初所想的複雜很多，你們覺得現時的家長如何？

李 很大壓力，因為社會期望很高的時候，聽到自己身邊的朋友表示，學校會有要求，而身邊其他的媽媽或網上討論區會提到作為一個父母應該如何，這些東西都在建構家長有一些事情沒有做到位就好像沒有盡責。他們會質疑自己「我是不是對小朋友不好呢？」，然後又回想自己做小朋友時那樣的成長方式，不想延續到自己子女身上，有少少將彌補的心態放在小朋友身上，就會出現了一種好似小朋友在玻璃樽長大的情況。

盧 現在多了玻璃心的小朋友。日前看到一個統計就是調查小朋友對金錢的觀念，竟然有 27% 的小朋友覺得不會沒有錢，錢是會用不完，錢會自己來。換句話說父母真是照顧周到，等小朋友沒有憂慮，想買什麼就買什麼，家庭不會沒有錢。我就覺得這種教養方式會做成一個很嚴重的問題。

　　在人生上面我們要學懂什麼是「無常」，有一些東西不會永遠都有，爸爸媽媽都不會永遠可以陪住你，錢更加是。錢不會「洗極都有」，這會導致一個錯誤的生活觀念，你如果不及早覺察你的教養方式，而又灌輸很多錯誤的觀念，到小朋友長大的時候，他

與父母的溝通出了問題，當然是你自己一手做成。

　　有很多家長似乎很盡責，但這個盡責沒有理性上面真正的認識基礎，沒有一個深刻的思考，很容易人云亦云，別人說什麼都好恐慌地跟從，害怕自己遲人一步或「執輸行頭慘過敗家」的心態，一定要早著先機，贏在起跑線。所以變成了這個所謂照顧十足，為仔女的未來，計劃好一條黃金跑道，但其實是禍害了小朋友。

何　我們經常都說要目標為本，而我曾經讀管理學，原則是做什麼事情都不要浪費時間及功夫，不要亂投放資源，但是這會不會有時將目標為本異化了呢？所有人都是同一個目標，人人都只能夠去同一個地方，而不是說我要很好地訓練我的小朋友，有一個獨立思考的能力、一個良好溝通的技巧或者理財的方法等，是不是家長誤解了教育小朋友的目標？

李　其實獨立思考都可能是有某一套規則底下同某一個標準下的獨立思考。但現時變了很多，就是多了很多口號，或者是潮流裏面所謂「好」的標準。家長其實真是沒有辦法可以停下來去思考清楚哪一樣東西是適合自己的小朋友，或者他們擁有什麼特性，他們可能喜

歡音樂而不喜歡藝術，但是社會告知我們不能依靠音樂來維持生活，就算空餘時間玩音樂，等得到一張證書幫你入大學就會中止，都是很工具性。但是從工具性去看待小朋友的能力，是沒有辦法真正認識他們自己的子女真正的能力與性情是怎樣。

何　我覺得有時候家長很恐慌，他們知道自己不應該完全聽從社會的標準，認為應該有自己一套方式，他們的恐慌就是不知道怎樣定立自己一套的方式。

盧　跟從了自己那一套又會不會令到子女冒上風險呢？在價值觀及人生觀方面，我們都欠缺一種多元化的思考，即基本上你說單一或者是跟從社會的潮流，又或跟從網絡資訊，而沒有自己的一套方式。在這點上面我們家長本身都未必是很滿意自己的人生，或他本身都不一定過得很有意義。要他思考自己一套都疲於奔命，家長都看不見自己上班很開心，都不見得喜歡讀書，都不見得現在的那種生活是有多少理想，有多少價值及意義，而你要他們教小朋友怎樣生活？家長自己都不知道。

李　家長自己都沒有反思。

盧　所以我們的社會是欠缺了一種哲學上、精神上及價值上面的反思。我們是沒有這一種教育，自小就沒有提倡一種對人生及生命反思的教育。

何　如果有家長想知道怎樣教好我的子女，我們可以給予他們什麼建議呢？

盧　我想要釐清教育的目標，在這方面很多香港的父母都有點兒在認知上不是不知道，但是他們往往都為了很多現實的考慮，而模糊了焦點。其實自小讀書都知道，所有學校都會鼓吹德智體群美，直到現時選學校，校方都會裝模作樣地宣稱學校著重學生品德、一個健康的身體及要培養良好習慣。其實所有人都知道，往往家長就唯恐子女將來難以生存不夠別人競爭，就將這些美德或德性品格的培育拋諸腦後。

　　教育其實很簡單，教子女最重要就是品德行先，第二就是健康的體格，而第三就是才能的發掘。做這三點已經很足夠，你不用害怕他以後找不到工作影響生計，只要有這三樣東西他們就開心及幸福，最起碼做到一個好人。如果你子女是好人，已經是沒有遺憾了。賺取到金錢但害人，你都不會覺得自己的教育是成功吧！

李 父母可能就會說:「做好人會給別人欺負。」

盧 這就過份計較同有功利的考慮,不相信人性有光輝的一面,一早就已經在孩子心裏種下種種人所謂的計算心及比較心,這樣的教導對社會一定是不好的。你看見到社會不好,就是太多計算及計較,為什麼現時的小朋友會是老人精呢?就是父母本身的心態就要小朋友很早學識得計算,要「叻」不是要乖,要做聰明仔而不是要做一個有品德及有美德的孩子!

李 聽起來,真是久違了這種講法。

盧 現時的教育只是說怎樣訓練小朋友的智能或科技教育,全部都是一種智能同工具計算能力。所以教育是多了,但論及品德就很少很少,剩下口號式。

何 我接觸到一些家長有去做義工或賣旗,本意是不錯,但家長說:「是啊,因為可以加分。」可能家長本身已經誤解了教育的目的,他們是為了做好 CV 才帶子女參加那些課外活動。

李 我們的品德都已經變成了思考如何將品德實踐成為 CV 中的一部分,這個出發點其實都已經不是品德本

身所想表達的東西。

**盧** 培育品德的動機。

**李** 教育品德本身應該是每日生活裏面做好每一東西，而不是可以幫你加分才去做多一點或因別人的稱讚才去做。現代人所談的品德已經是變了質，整個環境都傾向利益計算在背後。

**盧** 因為很多時往往有利益計算在背後，所以到暑假時的興趣班都會報滿，而興趣班中上課的大部分小朋友都是沒有興趣的，沒有興趣的興趣班。永遠都要上這類興趣班，幫助小朋友發掘才能只是口號，實際上就係做好份 CV，令到你小朋友增加能夠進入名校的機會。

**何** 現實就是我生活在社會當中，可以怎樣去調息我的家庭教育，令子女可以有好的品德呢？

**盧** 真是需要勇敢踏出第一步，有一些家長是有覺悟的。我見有報紙提倡家長不帶子女讀名校，而去讀自然學校。這是很大風險，但真是要有人做出第一步。

**李** 又或者其實讀書選學校都真是要有很多現實考慮。但

是平時的生活當中，其實你是不是每次都要參與競爭性項目，或者會不會只是帶自己的小朋友行山或露營呢？做一些好簡單的生活活動，給予小朋友空間等他們自己去嘗試，全部都是一些責任的教育，其實你想做的事，你要自己努力，不是一定要靠別人幫助你。

何　你提及到露營，我有一個經驗。我去行山露營，同時有不同的家長帶小朋友露營，他們有一個很好的德性教育，就是教小朋友執垃圾。我們經常說德性教育說得很高，去到哲學層面，但其實是不需要的，生活上我們都能夠將小朋友教育成有社會責任有德性的人。教育子女這個課題可以說是很困難，又可以說是很容易。我有個朋友的小朋友不足三歲，小朋友有一個機靈的行為，他見你在玩手機時會走到你身邊，然後會和你說「放低」，家長就放下電話與小朋友玩。其實放下手機是很重要，我想這個是教育開始的第一步。

李　成年人下班後想有娛樂，但娛樂是玩手機，家長的人存在但不只是坐在小朋友旁邊，而是你的注意力要放回自己的子女身上。這種溝通其實就是小朋友最真誠最真摯的溝通。家長經常說溝通很困難，其實在於我們有沒有在現場陪住他們去做一些事情。其實一齊

的生活裏面就有很多剛才提到的德性教育及才能的發掘。如果你不是一隻手望住部手機，然後你自己玩，而是真是跟小朋友有個互動，這樣的互動及陪伴，其實就已經是教育很重要的部分。

何 我同意，比如夏天在海灘，我見到有一些家長與小朋友在海邊慢慢執拾貝殼一個個介紹，有一些家長就會同小朋友堆沙堆。這類的活動會令你了解到子女是喜歡活潑還是靜態的東西，其才能可以在這些活動中了解到。

盧 很多家長之所以與子女疏離，往往都想將自己子女的教育任務交托給別人，而自己就可以去開心輕鬆。興趣班為什麼會出現，就是因為將其子女交給專家。執貝殼可以交給執貝殼的專家，當然間接可以製造了很多就業機會，但是問題在於心態，剛才 Deo 提到說難不難，說易不易，問題就是要克服自己的心魔，確實香港上班真的很疲倦，還要照顧小朋友就更加心力交瘁。但是問題是你身為父母，你沒有理由單單想休息下，就將子女的教育及教養，外判給學校或交給教育專家，而外判的結果就是溝通不良或有隔膜。一整天都未必有一齊陪伴你的小朋友去玩，去感受他們的

感受，所以心態上要改變，不是要求你很疲倦都要時時刻刻將你的注意力放在小朋友身上，但至少你心態上要行出第一步，要慢慢願意付出，你可以與小朋友玩十五分鐘都是可以的，不一定要一下班就要玩到睡覺，至少在小朋友睡覺前說故事給他聽。這些都是可行，放假當然是可以多帶小朋友一起去郊野公園，去欣賞風景或者到大自然探索。

何　說故事我有個自身經歷，我女兒小學的時候就我要說故事哄她睡覺，我說的不是童話故事，中學時我喜歡歷史，我會說真的歷史故事給她聽。所以直到她長大後她就對歷史非常有興趣，每日聽我說這些故事，她覺得動聽及舒服。這就是我自身的經歷。

盧　從有興趣的事開始，你家長自己都有興趣做的時候，你就自然會帶小朋友去參與該類活動。如果我喜歡閱讀書本，我當然經常都帶自己小朋友去圖書館與他們一起看不同的圖書，有不同的課題，有時文學書，有時又歷史書，有時說哲學書或烹飪書等。令小朋友對書有一種愛好及親切感，那麼自自然然他們長大後不會說看見到書都害怕，不會看見到書就覺得是功課考試。因為你在生活中令到他有一種感覺產生出來，

所以做家長有多種不同的興趣是有利的。如果你只是整天打麻雀或唱卡拉 OK，當然你都可以與子女打麻雀，那麼子女自小就變成麻雀精。這個問題就是你家長本身的興趣，你可不可以與子女一齊起到一種教養作用，這個是非常重要。

李　其實很多運動類的活動都可以做得到，到球場打籃球就可以玩半日，當你真是投入去該活動的時候，小朋友就會很容易會喜歡這種活動。

何　我有另一個經歷，屋企附近的小朋友最開心是想和父母一起玩，玩什麼都可以，在公園中你追我逐，然後就與爸爸揮揮手。最有趣的我見過有個爸爸的肚很大，他的女兒就衝去撞爸爸肚腩，她已經很開心。

李　其實小朋友玩的東西可以很簡單，只是我們經常覺得他們要有很精美的玩具。

何　我們要有自己的反思，對社會標準的反思。要以身作則及投入當下，我們在現場與小朋友一齊才能夠與小朋友成長及培育他們。希望家長都可以做到這一點，有一個開開心心的家庭。

# 哲學諮詢師對談
# 疾病

**主持**
盧傑雄博士（盧）、何紹源 Deo（何）

**嘉賓**
王子球醫生 Dr. Carl Wong（王）

**何** 面對疾病醫生與病人會怎樣處理？

**王** 不如我用一些心理學家最常應用的開始這個討論，一些人得知道自己患大病的時候通常有五個階段的心理反應：第一個階段就是否認，之後就會有憤怒，然後會討價還價，而第四階段就會 depression 不開心，最後就去到接受，接受這個現實。通常當我的病人知道自己患病，他都會帶有這類的情緒。但當然這五個階段不是一定要連貫，不一定是順序，它們可以同時間發生。更有一些病人可能不是都經歷所有階段，所以我覺得哲學諮詢可以幫到這些病人在不同階段中怎樣去渡過以至思考生命可以怎樣走下去。

**何** 以我自身的經歷，朋友經常會問患病時有什麼情緒，我覺得最大機會就是否認：為什麼是我？為什麼正正在準備退休，或計劃結婚的時候會遇到這些事情？Dr. Lo，如果有一位朋友否認自己的病情，我們作為哲學諮詢師可以怎樣做？

**盧** 從哲學諮詢來講，首先就是要將一件事情變得可以理解，因為很多時候我們不接受一件事，原因是我們不理解它。我們不能夠從中發掘到同自身關係的一些意

義及價值，所以要先觀察他心理情緒的反應，究竟是處於哪一個階段？不同心理的反應背後都反映出當事人對事情的理解，究竟是一種怎樣的思考模式呢？好像你提到不接受，不接受正是你沒有預計到疾病降臨自己身上。這種沒有預期，我們一般人都會有，即是說在人生上以為必然會有的事情，「我經過多年的努力，現時終於修成正果可以享受晚福，努力奮鬥數十載，終於『捱到』六七十歲可以『歎世界』」，但突然間疾病的降臨就會令到他們大惑不解，「為什麼天會這樣作弄我呢？無端端將疾病降臨自己身上。」所以在這一個階段我們要將他們的思考模式加以疏導同調節，在所謂「無常」的方面去將他們的世界觀改變，其實這個世界有很多事情不會有任何安排就降臨在很多不同人身上，你只是芸芸眾生其中一個。沒有預期的情況底下，疾病降臨在你身上，只不過是看你怎樣面對不同的生命歷程，有一些人會沒有預期地去面對一些自己沒有計劃過的東西，沒有籌謀過，有一些就比較順利去面對自己預期走的路。所以首先要令他們明白，現時的世界不是如你所想像，以為這個世界一定是如此這般。可能王醫生都會碰過這類病例。

王　很多時候第一個反應就是問「為什麼？」一時間他們很難去接受，很多時候意識到的情緒可能是 overwhelmed，令到他們不能理性地去思考或者去看清楚個事實，兩者都會有的。當然這個需要時間，有一些病一下子聽是難以接受，之後再去覆診的時候，多了空間給他們去理解，這個階段我們去做哲學諮詢可能就會好一些。

何　我們要等當事人本身已經有心理準備，因為我都有經歷在醫院宣佈疾病的流程，主診醫生保持平靜走來，他不是冷冰冰，因為他害怕你們情緒會激動，然後保持平靜地告知你有病，麻煩你通知你家人，預約一個時間詳細解釋。通常這段時間就是最令到人感到不知所措，另一種可能會開始激動地說「醫生你要救我！」王醫生你會不會都有這些經歷？

王　我自己現在診所工作就比較少遇上這些情況，但以前在醫院時都有見過。在宣告病情的一刻，其實你與他說什麼，他都聽不到，要給予他時間冷靜情緒，最好有家人陪伴。如果家人在身邊可以安慰他，給多一點點支持及鼓勵對病人是會好一些。醫院一些較有經驗的醫生都學會 breaking bad news 的技巧，當醫生要

宣告一些壞消息的時候，其實有一些步驟，如果醫生跟隨，就可以減少病人過度激動的情緒。

何　非常特別，我都不知道原來有這些技巧或指引。

盧　這些絕症或者嚴重的疾病怎樣去告知病人呢？當然一定要注意病人的情緒，從關懷的角度去告知這一個事實，這個技巧都是非常重要。

何　好像與哲學諮詢都有不謀而合的技巧及相同的地方，醫生都有處理病人情緒的技巧。王醫生，在你經驗當中你覺得哲學諮詢協助你去與病人溝通，或者在溝通的時候怎樣可以運用你哲學的知識呢？

王　我想第一件事情是確定病人的情緒是穩定，他能夠有一個比較理性，或冷靜的態度去探討這個問題。我們要了解病人，究竟病人本身對病症有多大的了解，他知道這個病會不會醫好呢？是不是需要接受治療？醫生可以幫忙解釋。但是另一方面在心理上，普通人遇到這類的情況，最常見是擔心或不開心這兩個情緒化反應，醫護就要在這兩方面去開解病人。

何　我自己曾經患上血癌，主診醫生覺得我的病很難痊

愈，但我反過來開解醫生：「醫生，其實不要緊，你當我是一個實驗品就好，你可以隨便用藥。」醫生好少聽到病人會這樣講，而我是例外。醫生說很大部分的病人都會問有關意義的問題：「我那麼辛苦工作卻得到這個病是為了些什麼呢？我是不是應該要放棄呢？就算我痊愈了但我的人生還有什麼意思呢？」。有時候醫生都會遇到這些問題，醫生日常的診所工作都面對這些問題嗎？意義問題會不會有呢？

王　我想首先要處理好病人情緒，當他處理好或再想深一層時，才再會思考到意義問題。但是我覺得「人生意義」是一個很闊的問題。

盧　我想起有些是長期疾病患者，老人家經常身體有痛症去求醫，但沒有一次是能夠根治。這些痛又不是很嚴重，但就是不自在不舒服。如果從醫生配合哲學諮詢的角度，遇上這種病人，你會怎樣去講一些安慰他的說話或疏導這種疾病的纏擾？

王　有一類個案如你剛才所說尤其是老人家，他們有很多病痛，但問題是：如果他的痛症是周圍遊走，不同時間都會發生，這樣的情況我們就需要考慮一樣事情，

他會不會是心理因素影響呢呢？可能不是身體的問題，而其實是情緒。這個都幾常見，因為老人家很少直接對醫生提到自己很不開心，他們只會説身體有些不舒服、有痛症、氣促或頭暈身榮。當醫生察覺到他們可能不只是痛的問題，而是有情緒問題，就要從這方面入手，詢問他的睡眠情況或食慾如何，甚至乎有時候我都會直接問「究竟你心情如何？」其實老人家是很有趣，你不問他就不會説，你問他就會説出很多事情來。變成你做診斷時，有機會是情緒問題，而不是身體的問題。

盧　所以這個都好重要，就是當家人有病的時候，我們要好好注意一點，不要簡單地只當他是身體有毛病，不是純粹是器官出問題，要在情緒同感受上給予他們一個恰當的關懷，不要只問有沒有食藥或看醫生。我見到很多家人對待家庭成員患病，都是粗聲粗氣地催促他們看醫生，好像食了藥就一定會轉好，以及是病者的責任，而忽略了情緒上面的照顧。所以即使是疾病我們都要整全來看，不是疾病就一定説身體有毛病，可以是心理有毛病。心理有毛病其實都是一個可以探討的問題，什麼是心理有病呢！

**何** 這個很有趣，我們常常都聽到疾病會單純地覺得患病就要看醫生吃藥，沒有多少人會整全地看，就是說不是單純病本身，而是可能他生活及身心的健康，同家人的關係，疾病之外還可以探討什麼呢？疾病不是單純患病就要看醫生服藥的問題，可能關於我們對情緒病的理解及人際關係的處理。在這方面 Dr. Lo 你會怎樣處理？

**盧** 我覺得從哲學角度來說，生老病死不能避免，一個人生幾乎必然會出現的事情。但是不是單純地將疾病看成為機器壞呢？或者是純粹一種人生路途上面的阻礙呢？疾病可不可以有一種積極的意義呢？我們都聽過小病是福，其實小病是不是真是福來呢？我們要怎樣理解這句說話呢？我就想問王醫生會不會認為小病是福呢？

**王** 當然首先我們要定義什麼是小病，例如「情緒」統稱為情緒病其實都只是一個我們的看法，好像慢性病一樣的看法，例如有血壓高及糖尿病都是要服藥，但同血壓高及糖尿病不同的地方就是情緒病是可以痊愈。這是我們醫學界都會認同的事情，當然要處理情緒病第一是要有一個正確診斷，加上可能要藥物治療，再

加上一些輔導及開解，而哲學輔導是其中一種可以幫助的方法。

盧　所以在情緒病方面我們要有一個正確的理解，有一些朋友會很介意告訴別人自己曾經有情緒病。你不會聽見有人說介意自己曾患感冒。他們有一個很大的分別，我曾經有情緒病或精神病就彷彿永世都有一個缺憾，所以我們在哲學輔導上面，要去糾正這樣件事。

王　社會有時會標籤了他們。不過我想近十年都已經少了很多，而且都會有很多病人主動求醫，知道自己情緒有問題，有時候都不介意講述自己曾經有情緒病。我覺得有一些病人情緒病痊愈之後，第一樣事情是他的人生觀價值觀有所改變。另一樣是有些病人會更加留意他身邊的人，包括家人和朋友，因為可能他曾經經歷過情緒病，好像裝了一個感應器或監察器，對情緒病的病徵很敏感，當他觀察到自己家人或朋友睡眠質素欠佳或經常有負面思維，會建議看醫生或找人傾訴。

何　因為情緒病的起因是因人而異，很多時都是慢慢地由小累積，不是突然間有情緒病。他們是日積月累之下

有這個問題存在，所以真是要找人傾訴。例如哲學諮詢師可以與他傾傾「為什麼你會有這樣的想法？」扭轉負面的看法。好像剛才王醫生所提到，很多人自身經歷過情緒病之後，會變得關懷身邊的人。如果朋友真是有些情緒病的信號，哲學諮詢師可以怎樣協助他們呢？

盧 用怎樣的方式與有情緒病或病徵的人溝通及梳導他們的情緒呢？我們先說一些不應該做的事，我經常都見到很多人喜歡一起「放負」，一位同事說有很多擔憂，又提到經常被老闆責罵，而另一個同事就說我更慘，自己被老闆罵得狗血淋頭，這一種方式就不是好方法去處理這些情緒問題。

王 而家很流行提及一種叫做正向心理學，所以變了很多時候有一個人本身有情緒的問題，例如不開心，他已經負能量，而我們是要給予他們正能量，因為負負不會得正。我很多時候都會建議病人，如果他的情緒不穩定，又或者他的朋友是喜歡「放負」的人，那麼要盡量減少吸收這些負能量。

盧 這惡化他的負面思維。

**王** 例如你買了一隻 CD，而這 CD 有快歌有慢歌，你可以選擇只聽快歌，而跳過那些慢歌。朋友都是一樣，如果你見到他在「放負」，可以先避開遲一會再傾談，先看一些喜劇，看一些開心的東西，新聞有關自殺死亡的都先迴避。看一些開心及有鼓勵作用的東西，在低潮時間就要這樣做，這很重要。

**盧** 要注意的地方，就是要對他們說一些有希望的東西，對未來有一個無限的可能性，及作一些積極的設想。不要經常都思考沒有希望及絕望。如抱住「這份工就是沒有變化，一定會折磨死人，仲要供樓無得劈炮唔撈。」這樣只會真的迫死自己。

**何** 其實正面都很緊要，在做諮詢或輔導的時候要正面面對他的疾病，具體會怎樣做？

**盧** 我想這個涉及到接受這個疾病的看法，我們一般就認為疾病即是不健康，當然有疾病時一般人都希望可以由疾病的狀態或不健康的狀態回到去健康的狀態。這一點上我們要鼓勵病人勇於走上康復之路，但是我們要明白有一些病是不能痊愈，比如你斷了腳，它不能再多一隻腳出來，所以這個問題就是，所謂健康其實

都不是一個固定的觀念，例如你安裝假腳，亦都可以走路，可以去上班工作，可以去遊玩，這都是健康。

不過與以前的健康不同，其實在不同情況的疾病狀態來說所謂回復健康，有一部分可能是怎樣去接受，你如何與該疾病生活下去，王醫生你認為這個會不會是一個方法？

王　這個都是一個很好的「轉念」。另外一樣東西就是當病人要去接受可能沒有了一隻腳，而怎樣可以去重新生活呢？俗語說危機危機，有危就有機，今日可能失去了一些東西，但可能得到更多都不出為奇。

何　我同意。我自己去演講的時候，有位長者說自己已經只能在輪椅過日子，他覺得自己的生活沒有意思，我就建議他看一套電影《淪落人》，電影簡單來說就是一個四肢癱瘓的病人由一個外傭照顧，內容就是講述他們兩個人之間互相令對方生活有希望，互相給予對方希望。這套電影很有意思，因為這個四肢癱瘓的人，一般人認為應該整個人生都完了，但他還可以給予對方支持，不論言語上及精神上都可以做到。我再與這長者說：「其實你可以思考將你我人生故事寫下來，然後分享給朋友或者你的子孫看，其間可以有很

多正面的故事。」他就沉思了一會，都認同，也覺得
有些意思。兩位會怎樣評論我這種做法？

盧　這個就是怎樣去擁抱疾病的狀態，即你接受了這一個
是可能不可逆轉的狀況，如殘障或傷殘的狀態，你怎
樣去重新發掘在一種殘缺的狀態下可以再做一些什麼
事情呢？這說明一樣東西，就是生命的可能性永遠都
存在，即他不會將你的可能性完全封閉，不是只有死
的選項，因為你始終沒有死，那麼生命就有可能性，
包括將現時這一個經歷，將你這一刻的感受或者過去
人生的經歷與其他人分享，都是一個有價值有意義的
做法。所以在這一點上，正正就是怎樣令到他明白擁
抱該疾病活下去的一個出路。

王　與疾病共存。有時候因為這個疾病而令到自己自豪，
這個其實是很重要，因為我記得老師提到，我們很多
東西都控制不到，例如出生、疾病及死亡等。問題是
我們怎樣去回應這個生命，這才是重點。我們進行哲
學諮詢的時候，主要是怎樣去回應你所遇到的事情，
而不是在抱怨，這才是關鍵。

盧　因為抱怨其實是面向一些已發生的過去，然後所抱怨

為什麼這些事會發生呢？而且為什麼會發生在自己身上呢？而且這些是不可改變，抱怨一定是抱怨過去不可逆轉不可改變的事情。所以轉念是轉些什麼呢？

　　未來才是重要，未來有很多不同可能性的存在，所以即是將他們的思考及心態轉變到去向未來開放，我們無論在什麼狀態底下，只要生命未完結你都可以做到。

何　因為未來是永遠都不知道是什麼時候，未來就是很多未知數。哲學諮詢可以改變人看事物的態度，令到人明白一件看似是已經絕望的事情，都能夠從中看到希望的存在及新的可能性。

# 幸福人生

**主持**

盧傑雄博士（盧）、何紹源 Deo（何）

**嘉賓**

謝世杰博士（謝）

**何** 我們今天談一談幸福的課題。在電影、電視及與朋友傾談時，都會問你幸不幸福？父母都會關懷子女過得幸不幸福？我們應該怎樣看待幸福？

**盧** 我想香港人比較關注一些較為具體的項目，多於關注一個抽象的幸福概念。

**何** 例如有沒有樓？

**盧** 例如叫子女找一份穩定及高薪的工作，或什麼時候買樓，認識伴侶要找一位好男人或女人，如此種種。但很少會說到你要生活得幸福，很多時候都是祝賀別人結婚的時候才會用到「祝你幸福」，但都是很虛泛的。這其實都反映我們忽略了一種做人要幸福，反而集中在具體的東西上，要有樓有車有好工作，他們覺得自己擁有多少東西就代表幸福，是用擁有來去詮釋幸福。而我們今日要談的迷思就是，是否你擁有這些東西就代表生活幸福呢？

謝博士，你於哲學諮詢中的客人會不會都有這些疑問呢？

**謝** 對幸福的追求，我會先思考幸福如何對應他們經常用的一些概念，因為很多人對幸福的看法不一樣，好像

剛才提到部分人擁有一些東西就很幸福。那麼，幸福會不會比較貼近一般人所提到的「快樂」，或用 well-being 來理解幸福，似乎更合適。如果是這樣，我發現愈多人走上追求這一種 well-being 的道路，是因為他們對物質或名利權的追求去到某一個程度，他們開始發覺愈擁有得多與煩惱是成正比的關係。

盧　身心會愈疲累，因為生活社會的資源都很富裕，我們很少再聽到有人餓死或凍死街頭，這代表我們在擁有物質上面基本上不會太過憂愁，除非你要住豪宅或買跑車。這代表我們愈擁有得多，我們一般的感受都是身心疲累的比較多。現時很流行提到的 wellness 就是包含身心靈三個層面。身體要健康，這是非常必要。心靈要有智慧，要有見識、洞察力及全球視野等。靈就比較少人提及，要有靈性的境界，有一些宗教意味，如得到永恆的福樂、與上主同在、西方極樂世界或靜土等。靈性上可以希望很多追求，那種精神上大的安樂或平靜。這代表幸福在這三個層面都會有一個追求，身體健康是必要，心的智慧也需要，靈性的安樂都很重要。幸福在這三個層面都需要具備。

何　但靈性如何追尋呢？會不會比較困難呢？

謝　靈性的追尋通常是要滿足了基本的物質生活之後，才開始追求一些身心靈之路。我留意到這個領域很廣闊，如果用哲學的角度劃分，其實是問一些終極的問題，第一因的問題、一些形而上學的問題及命運的問題。之後人們想尋求一種通過修行自己去達到那些描述的境界，有宗教的、有哲學的、有心理的等。但它們都想追求當下平靜不再有煩惱。我留意到有很多的資訊，難以說哪一個不好，除非有很多內部的問題。它們有共同不喜歡的東西，作為追尋 wellness 的啟示，我們不一定為每一個人找到標準的 wellness，但起碼能夠回避那些應遠離的事項，如不要被物質支配及不要被別人定義的 wellness 框住自己，這是最基本的兩點。

何　但是我要追求這些幸福，我要怎樣才能做到呢？是不是我不被物質或別人支配，我不貪財就會得到幸福呢？

盧　當然是不足夠。這些只是基本條件，如你被奴役是很難會幸福，因為你正是活在一個不是你自己想過的生活，你只是過著一個別人想你過的生活，這很難說是幸福。

**何** 很難有一個幸福的奴隸。

**盧** 你可以在某情況下會覺到快樂，做奴隸都會有快樂的時間，如放飯的時候，你都會有一刻的小確幸。但整體而言你的人生不可能可以達到一個所謂自主的支配，所以第一點當然是要有心智——心的智慧。因為現代人的生活沒有以前的奴隸制，實際上你不會在這個制度上容易地被他人支配。不過現時的支配就不是硬性，是軟性的。透過社交媒體及各種的宣傳資訊來去進行某個意思上的洗腦。這代表我們的自主其實已經是不容易，不容易的地方在於你要有智性上的覺醒，這是第一點。你要廣闊自己的知識層面，簡單來說識多一點東西不易受騙。第二點就是要有批判的思考能力，懂得去分析及尋根問底，在適當的時候作出質疑，你才不容易被這些資訊所支配，所以為什麼學習那麼重要。

**何** 不少朋友與我傾談時都會談及什麼是幸福？我叫他們試下解釋什麼是幸福，他們很多時候都用廣告所展示的所謂「幸福」作解釋。如去十大美景的地方旅行、住大屋或開跑車等。所以我覺得真是要反思一下什麼是幸福的人生？

**盧** 我覺得很多人是被支配了自己對幸福的構想，如打開雜誌介紹一個地方是很少人去得到的人間美景，當看了這些報導你就會產生一個很大動力，人生人一世物一世我不論如何都要去一次。不丹，是世界上最幸福的國家，但如果說去了不丹就會幸福，那很奇怪。問題是這些都是別人告知你，他們會說如果人生沒有去過一些地方或沒有食過一些美食就枉為人。在這點上我們往往沒有反思我們需要些什麼及不需要些什麼，我們都是受這個環境的宣傳廣告來去告訴自己需要些什麼，這是非常糟糕。但是怎樣發掘幸福之所在或自己真正的需要呢？這是一個哲學的課題，即「認識你自己」，當然首先要找到自己的長處或強項。

　　我在自己的人生道路當中幸運地遇上哲學這門學科，那麼哲學是不是我喜歡的事情呢？很簡單便能判斷，就是問自己對該事情的體驗。你接觸了後就好像上癮一樣，你不會覺得閱讀哲學書及思考哲學問題是一件苦差或被迫，你會好像做運動一樣每一天都會去做，不做會不舒服。第二點，你自然會表現得好好。你從事哲學的學習、寫作、報告及教學，你都會表現得非常優秀，因為樂在其中，而且有其他得益，例如得到同行其他人的認定，肯定你的水平。這就是你真

正的幸福所在，因此會真正投入你的活動而且會踏入一種忘我的境界。現時幸福心理學當中有一個心流狀態，這是人生最享受最幸福的體驗。每個人都能夠找到對心流的體驗，如果能夠有這種活動又能夠找得到的話，你的幸福就是在這裏開始。

何　謝博士呢？有沒有心流的體驗？

謝　我也有，在學習某一些領域的時候當你發現沒有了自己，每一個在自己領域學得很專精的人都會有這種忘我的狀態。我這裏想帶出一些這些年我對幸福的觀察。幸福某程度上一定要有一種自主的元素，當你愈覺醒你就會對以往的生活審視清楚，分辨哪些是自主，哪些是不自主。這裏有幾個層次，第一個就是生活的層次。第二個是入世，之後就是出世。生活的層次中，我們要有生理自由，如沒有疾病，要有金錢的自由，我們要追求時間的自由，慢慢再追求心靈的自由。到最後追求最終極超越的自由。這些在追求幸福的道路上，心流會給予我們一個心理的自由。心流之後，有時可能會考慮時間及金錢的自由受到制肘，所以我的建議是在生活上努力地去自主，找到自己的生理自由，做多一些運動，而時間及金錢的自由將慾望

減少，那麼時間會多了，對金錢的索求又降低，慢慢再提升自己的智慧去追求審視自己的自由狀態。如果你有宗教信仰或哲理的修行，可以再去提升靈性的進步。

**何** 這都是一個很具體地可以做到追尋幸福的道路。但我們實踐時如何做到呢？

**謝** 我想引用「斜桿族」作討論，這某程度上可以令我們多一些自主。傳統的經濟模式令人要在某一間公司中工作，一個全職的概念捆綁了很多人的時間、心靈及經濟的獲益。而斜桿族以前會稱之為不務正業，但現在斜桿族即什麼東西都可嘗試，享受某程度的自主，可以有主動及被動的收入，同時可以開創不同的可能。所以在這個自主情況中，幸福感會強很多，當然這暗藏了一種價值觀：「你是一位懂得自主的人」，進入了一個沒有社會保護傘的一個社會當中，你能不能夠自主自己的金錢及時間，我覺得這些都很重要。

**何** 但如何可以成為幸福自主的斜桿族呢？

**謝** 我想分享一個中大學生的經歷，他的家庭出現了一些問題，不能為他繳交學費，所以他要自己經營 IG 生

意去張羅學費，剩餘的收入就去旅行及自給自足。我最佩服的地方是當他的局限出現了，但沒有因此氣餒，而自主自己的行為最後換得到金錢的自由。雖然犧牲了時間自由，但這個時間他都可以自主，做少一點生意就可以輕鬆一些。我覺得在生活上有一樣東西很重要，既然沒有人為你安排，沒有任何預設，為何不什麼東西都嘗試一下 Tiral & Error，不怕失敗地嘗試，總會找到有一樣合適你自己的東西，只要你有一個基本原則，就是不要輸了本金。人生的本金就是不要輸了自己的人格，不要誤入歧途及破產。只要不輸光本金不停去試，在小試牛刀的位置上可以走出一條自由的路。這一樣東西不只是他做到，而是每一個人都有這自己的可能，因為開網店的成本真是很低，靠自己的創作總有東西是你喜歡的，在過程中學習 Tiral & Error。某程度上這比起我們以往做一份工，喜不喜歡都要留下來會來得更實際及更自主。

何 我覺得這個在現代社會都很有幫助，我有位朋友到了退休年齡，他在想可以做些什麼。因為以前很簡單有退休金及長糧就可以過生活，但現時是不足夠的，第一物價上升或通貨膨脹，第二是很難維持活到八十歲

死的一天，要過一個斜槓族人生。但對於一個家庭主婦可以做一些什麼呢？她可以怎樣追求自己幸福呢？

盧　我想你都不可以看小家庭主婦，現時有很多 IG 紅人教烹飪，而且最大的生意是親子王國。親子及一切相關的業務活動有極大需求，尤其是在這個互聯網時代提供了很多變成了斜槓族的機會。只要你能夠煮出一手好的料理已經可以有很多粉絲變成粉絲團，這樣就可以維持財務自由。不需要做到成為上市公司，只招呼你自己的粉絲，有二三千人已經不得了。這類業務或創業的模式在過往沒有互聯網的時代是不可能，現在就提供了很多這類型的出路。而這類出路永遠都能做你自己最喜歡做的東西，就是剛才提到心流的那種體驗活動。

何　如果這樣說是不是在現代社會尤其是互聯網時代更加容易追尋到個人幸福呢？

盧　你可以這樣說，只要係踏出既有的框框，好像剛才說到的退休人士及家庭主婦，他們也會有一些框框，諸如退了休就是沒有事情可以做，而家庭主婦則只可以在家中。其實不一定要這樣的，互聯網就是可以踏出

這個框框。退休人士其實很多都是很多才多藝，有一些工程師是音樂奇才退了休做歌手。有很多事情不用想那麼多，你只需要做自己最喜歡做的事情，然後與別人分享。

謝　我很認同 Dr. Lo，這是一個「修」、「習」──修行與學習的過程。你想做一樣東西，互聯網技術不能不學。學會後總能找到自己的粉絲，因為他們只是做自己最優秀的事，但你都需要給別人知道。你需要做到一份好的料理，彈奏出一首美妙的音樂，只要你展現你美好的一面，不斷在生活上有一些幸福感，再慢慢進行提升，能夠找到目標已經是很了不起！

何　這個很有趣，我們聽很多人說幸福人生已經離我們愈來愈遠，但細心地想，現時追尋幸福好像更容易展現出來。互聯網其實是一個我們追求到幸福人生的機會，但老人家呢？他們不一定能做到這些東西。

謝　科技的進步令老人家的幸福可借助科技或利用科技提昇。老人家是緬懷過去還是展望將來呢？通常年長的人都緬懷過去，用一些科技讓老人家對未來有一種寄望是很重要的。比如利用科技可以讓他與遙遠的家人

溝通，元宇宙技術多讓他與人多傾談。他總有可能找到一些興趣突破到生理的局限，科技就是可以幫助到他們。但都有一個條件，就是不停地「修」、「習」，要學習如何用科技。其實是很簡單，這不是能力問題而是心理問題。當三歲小朋友都能夠用到科技的時候，而七十歲不能用到，這確實不是能力的問題，是心態的問題。

盧　現在是愈來愈便利使用者，如果再進一步發展機械人、人工智能學習及大數據，將更便利。其實現時已經有老人院用機械人支援，包括機械人傾談服務。有一些社會調查顯示老人家其實非常願意與機械人傾談，甚至比真人更願意。因為機械人不會流露出厭惡或厭煩的神色，一般人傾談三小時便需要去洗手間或要忙生活的其他事情。但機械人是可以無限地和你傾談，而且現時的機械人對話很難察覺它是機械人，甚至電腦程式員以為和他傾談的機械人是有意識，可以和他討論禪宗。現時的對話程式已經演進到這個地步，在這一點上假設老人家的體力有阻礙及智力上有衰退，但是透過科技仍然可以提供一個聯繫，可以同其他人作出情感的交流作出情感的溫暖。

何 這很有趣，我早前做了一個給長者的 online 演講，我們討論了安樂死，安樂死究竟是怎樣的一回事？他們覺得沒有自理能力，所以覺得自己需要或應該安樂死，所以他們幸福感很低，而且沒有其他的聯繫。但沒有聯繫不是最大的問題，超過八成的老人家都是 online。老人家懂得 online 已經很利害。科技真是可以幫助到人追尋幸福感。

謝 我想起哈佛大學有一個關於幸福的研究，這研究持續了七十年。他們得出的結論就是原來幸福是與物質一點關係都沒有，結論就與中國哲學非常相似。一個人幸不幸福是關係到與家人的相處、與別人的關係及有沒有愛自己的人。突然覺得我們的先哲非常厲害，每兩個月便會有一次聚會或團聚，所以相隔兩個月中國就會有團圓的節日令大家可以聚一聚。原來當你的「念」很珍重這種聚會，慢慢人會有正向的想法，而不是厭惡聚會。你的正向，人生的自主，珍惜你身邊的東西及懷有感恩之心，你的幸福感會愈來愈提升。

何 我都有閱讀這份研究，有一點很重要，就是提到善用餘閒。要懂得用餘下去閱讀哲學及聽音樂，因為很多人不懂得放空。

盧 因為現代人最被剝奪幸福感就是沒有餘閒，他們有娛樂但沒有餘閒。因為他們對娛樂很緊張怕吃虧，所以哪裏有時候「閒」呢？上班工作緊張，下班娛樂都緊張。要追劇，餐廳要訂位，連食自助餐也要搶先一步。所以消費娛樂都充滿了壓力及緊張，那麼又怎可能有真正的放空呢？

何 其實幸福是非物質性，人與人關係、家庭、善用餘閒等。其實同金錢及所擁有的東西關係不大。

謝 生活上或塵俗的幸福是這樣，慢慢如果修讀哲學後有一些思想，我們可以追求一些如何面對死亡，超越這個生命又是另一個層次。但起碼剛才所提到的我們自己都是可以做到。

何 最重要是每個人都能做到，我們經常以為幸福是一些很難追尋或遙不可及，其實好像一首歌《唾手可得》，隨時都可以得到幸福感。

# 哲學諮詢師對談

# 死亡

**主持**

盧傑雄博士（盧）、何紹源 Deo（何）

**嘉賓**

王子球醫生 DR .CARL WONG（王）

**何** 我們的社會一般都會避免談論死亡，避而遠之，而現代的年青人就會覺得死亡離我們很遠。以我個人經歷就不覺得很遠，因為經常有人問我有關死亡的問題，有些人很年輕就面對死亡，有些則是身邊健康的年輕朋友突然間離開。我們可以怎樣面對死亡呢？

**王** 我可能比較多見一些臨終的病人，在醫院工作時都會遇見一些 dying case，看到死亡過程。有一些病情很穩定，但突然間惡化急轉直下而過世。反而面對最大的問題是去世者的親人，怎樣去處理生者，要思考怎樣與家人解釋及處理他們的情緒。現時在自己診所工作，要面對一些熟悉的應診者在不同的情況下過身，他們的家人會有情緒問題或失眠情況來尋求治療，要怎樣去開解他們都會是我常見的情況。面對家屬的情緒反應，很多時候都要看他們自己怎樣看待親人離去這件事件。有時候家人的離去不是突發的，可能已經歷一段時間，那他們自己都會明白，對於病人或家人來說是一個解脫，不用再受苦。

**何** 提到解脫我有一段親身的經歷，我有一位親人是因柏金遜病而離世，這病是慢慢令到病人不能吞嚥及難以呼吸。我作為讀哲學的人面對這情況，其間與親人談

很多有關生命的課題，最重要是說服他們不要插喉作無謂的搶救，因為這只是延續病人的痛苦。起初遇上很多的阻滯，有些人會覺得我冷血，怎可能這樣對待自己的親友？花了很多功夫與親友傾談，最後這位親人都是安詳離世，但最後都有一個親友指責是我把他餓死。不知道兩位有沒有遇上相似的情況？

盧　我親人經驗的離世就是早年因意外而離去的父親，沒有搶救，因為已經沒有辦法搶救。第二位是我的母親，她已經非常年老，親人也接受是一種解脫，因為是九十歲了。大家都會明白到其生活質數已經是在很低的水平，她已經不認得人、記憶很混亂、飲食需要人照顧及有各種的痛症。如果從一個生活質素來說，其實可能早一點離開這個世界會是一種福份。依我的經歷家人會比較明白，生命不是在於長短，而是生活質素，及你有否盡了需要盡的責任。當然我們的父母已經盡了他們的責任，問題是在於家人有沒有盡他們的責任呢？親人不讓家人離開這個世界，可能內心會思考「那麼早就讓他離開，這樣做是不是對不住他呢？」，有時候的執著就是在這裏。

王　令我想起莊子內篇中的一篇叫〈養生主〉，這篇提到

養生之道其中一樣是要順死，當死亡真是來臨的時候，你怎樣去順住去，其實這就是養生之道。如果你執著於要生或要逆天而為，這只會是更加痛苦。

何 死亡是必然會到來，我們可以順應天命或順勢，去接受或順應死亡的到來，就可能使我們更容易面對或處理死亡這個問題。但我們如何使生者明白到死亡的意義或接受到死亡呢？

王 剛才我們提到順死，為什麼在現代去接受順死是比較困難呢？因為其中一個原因就是醫學進步，因為現時的醫療技術可以治療到很多過去束手無策的疾病，比如有人工器官，可以延續病者生理上的功能。但問題這樣的做法是否對病人最好呢？這就是倫理學上的問題。怎樣令到生者明白順死或接受死亡這個問題，我想其中一樣很重要的東西就是可以設身處地思考，假設有家屬真是不想家人那麼早就離去，調轉情況如果你是那位躺在病床的家人，你是否都會有相同的想法呢？有時家屬只是站在家人的角度，他們不是躺在病床及不能呼吸的那位家人，如果你是病者已經插喉、帶呼吸機及食之無味，在這樣低的生活質素下你會覺得怎樣？很多時候家人自己沒有想像過這些情況發生

在自己身上。

盧　我覺得一個很好的做法叫換位思維，你如果同樣是吸
　　一口氣都那麼辛苦，我自己小時候有哮喘病，要很用
　　力才吸到一點氣的辛苦，其他人是不能夠明白的，所
　　以家人未必是從病者的感受出發，他們很多只會想到
　　搶救家人是義務，甚至醫生都會有一個想法就是救死
　　扶傷。救人是醫生的義務，而家人不容許親人死都是
　　一個義務。從義務的角度而言，一定會有一種想法就
　　是要用盡所有的方法，不論多少次都要救回病人。但
　　正正這一種想法，沒有考慮到病人所謂生命質素的問
　　題，病人感受的問題。究竟所謂延續家人的生命，真
　　是他要陽壽那麼多，還是只是純粹延長他生存在世上
　　的痛苦呢？這一點在家屬的思考中，往往都忽略了。
　　他們很多時都只想到責任問題，不要死在我手上。我
　　覺得這是一個很錯的想法。

王　我以前在醫院工作時，假設遇上一位病人痊癒的機會
　　很低，又或者就算痊癒後病人的生活質素都可能變得
　　很低，可能要與家屬講 DNR（Do Not Resuscitate）。
　　如果病人有呼吸停頓或心跳停頓，就不要再延長他的
　　痛苦。但對於家屬來說是一個很大的掙扎，很多家屬

都有一個感受，如果簽下同意書就好像是我送家人去死亡。

**盧**　簽紙對家屬來說是不理會家人又或者是判了死刑，我覺得這其實是一個誤解。

**王**　當然醫生的責任或可以做的就是盡量解釋情況，希望家屬會明白及懂得逆轉思維，如果今日插喉的是你，這樣的生活質素你是否願意繼續生存下去呢？

**盧**　是不是延長就是好呢？延長插喉及呼吸困難是不是一件樂於爭取的事呢？我想應該就不會。

**何**　這些例子來說，死亡其實不是一件對病人不好的事。有可能是幫他們作一個了斷，因為他已經不可能做決策。

　　我有一個個案，案主約六十歲，他有一天突然中風送入 ICU。他各樣生存指數都很低，救回都會變成植物人，他太太需要做一個決定：是不是需要拔喉？她需要作一個非常艱難的決定，就算她決定了要拔喉，但也經常會回想這是不是一個最好的決定呢？她有內疚感而且懷疑自己是不是作了一個正確決定，她自己是一位醫護人員，明白到理性上這決定是對的，

但情緒如何去處理及接受是很難的事情，所以她找哲學諮詢師傾談感性上的事情。我們可以很理性上知道死亡的意義，但如何將死亡聯繫到生者的情緒呢？

盧　我們會從報紙及電影上看到一些奇蹟，「我究竟是不是做到一個好的決定？」的質疑會喚起我們這些奇蹟的記憶，「可能有奇蹟或康復呢？」這不是一種很現實的想像，是會令我們產生一種好似做錯決定或簽紙送家人上黃泉路的感受。

　　如莊子所說，我們沒有經歷過死亡，你怎樣知道死亡是不好呢？我們應該將整件事轉變為死亡不一定是不好的事情。不論你怎樣思考，都要保持一種開放性，就是所謂送家人上黃泉路，至少你從死後是不確定的，可能死了是更快樂，為何不可以是成就了家人的快樂呢？

何　在莊子的故事當中提到，有一位宮女被遠嫁他國，去前就很悽慘要離鄉別井，怎知到達後食好住好。

盧　所以第一點不要先假定了死亡後就一定是慘痛，因為這是不確定，所以是不是做對決定就是看死前是怎樣。如果生前是健壯如牛、前途一片光明及生命力非

常之輝煌，而你將他槍斃奪走他最美好的東西，這時候的死亡當然是不好，因為死剝奪了他好的東西。

　但如果你現時是插喉、不能自理、極度痛楚或意識不能夠有任何感覺，你讓他被自然死亡是沒有剝奪了他任何好的東西，而是讓他從痛苦當中解放出來。所以在判斷上我們要認識清楚所謂「死是不好」究竟是一回怎樣的事？不是一個絕對的命題，死亡一定是不好。在仔細分析下，死亡的好與壞是相對的。

何　所以我們要先思考死亡是怎樣一回事。我讀書時對死亡的了解就是對現實的剝離，關係的斷絕。如果如剛才提到是正在受痛苦，這個斷絕可能是一件好事，不一定是壞事。最令我感到震撼的是，當我讀第一個哲學課就是海德格的「向死而生」，死亡是必然會到來，也不知道什麼時候會到來，對死亡會有一個覺悟，就是現時做的每一個決定都是重要，不要浪費你的「生」。有時我都會用這個「向死而生」與案主（生者）提到，你作為生者可以回想逝者在生時不同的片段，你都會覺得很有意思，因為他是存活在你思想當中，其實逝者沒有和你有絕對的剝離。就像墨西哥有一個亡靈節，每個生者都會記得逝者的每件事情。

**盧** 哲學可以幫助到生者去了解死亡不是一件必然的壞事，而死亡是一件怎樣的事情呢？就是你再不能夠生活下去，這表示你不能再令你的生活有價值，對你來說更加合意的一種生命之實現。如果現在已經不能再有意義及有質素的生活，他其實同死差不多。

**王** 另外就是我們經常提到生命的尊嚴及死亡的尊嚴，人類其中一樣很重要的東西——尊嚴。Dr. Lo 提到的情況，如果你預期生命質素是很低，其實已經是沒有了生命的尊嚴，對患者是一件很痛苦的事。

**盧** 這我是很認同，就算是死也要「死得好好睇睇」，「白活不如好死」。你延長生命但是要活得很糟糕或不堪入目，那麼倒不如離開這個世界。所以死得有尊嚴是應該給予病人一個最大的肯定，好像佛家所說「所作已辦」，做了你要做的東西，何不撇撇脫脫讓他離去呢？不要擁抱住一種不捨得，拖延別人不讓他離去，也不是一個負責任的態度。

**何** 死亡是需要死得有尊嚴，但問題是有主動及被動的關係，例如醫療指示可以作不主動的搶救。但是如果我是長期不能有尊嚴地生活，我們是不是都要考慮離

開呢？

盧　這就關係到安樂死的問題。這是一個很多人爭取要死的有尊嚴的課題。

何　一般人可能不了解什麼是安樂死。

盧　現時在醫學倫理的問題就是安樂死，代表好死或死得有尊嚴。在外國都不是所有國家都會接受，北歐的國家是容許安樂死，而且安樂死是有很多規矩要遵守，不是你想死就可以死。新聞就報導過北歐有安樂死的棺材，外形似太空艙，可以自行了結自己的生命，只要按下開關制就會放出一氧化碳，你可以無痛苦地離開世界。當然在執行安樂死時有一個很重要的條件，就是你面對的生活質素是一個幾乎不可逆轉的情況，如非常之嚴重的傷害及疾病，令到你不能再過一個有尊嚴、有意義及有質素的生活。這才可以申請考慮進行安樂死，而且需要病者自願。自願代表要在病者健康及清醒的時候，表明同意自己如果進入了這種不可逆轉的狀態，就會接受這一種離開世界的安排。所以就有了這個安樂死的合同或宣誓，你生前可簽一張有關安樂死的宣言。現時最主要的問題是被動安樂死，

當病人陷入昏迷或沒有表明他是想離去，但他都是會面臨一個不可逆轉及生命質素極低的情況低下，家人及醫生可不可以進行安樂死呢？這現時還在爭論的問題。

何　王醫生現時醫學界有什麼看法？

王　近幾年都會有一個預設醫療指示，任何人都可以簽的（簽署人士需年滿十八歲或以上，但病人家屬可就該指示作出反對及異議），但多數都是長者。如 Dr. Lo 所講他現時是清醒的，不過如果有一日有以下的情況，如沒有意識、進入植物人的階段或不能逆轉的情況下，他可以指示不接受哪些治療或接受哪些治療。

何　這是一份法律文件？

王　預設醫療指示現時在香港受普通法承認，是說明意願。預設醫療指示是很重要的，因為很多時候爭拗的地方，就是當病人去到一個不能夠溝通的情況底下，家屬如何知道病人的意願呢？這張指示就最重要，當病人不能表達，家屬可以知道原來家人生前的意願如何。

**何** 我都有家人簽過這份指示，他是知道自己的病是不可逆轉。但如果是一位失智症的病人，他有沒有能力做這樣事情呢？

**王** 失智症是另一個情況，當然希望他簽前是沒有失智。如果他是失智或認知障礙比較嚴重的情況，其實他都不一定能明白指示內容或不記得內容。預設醫療指示其中一個內容就是病人要在意識上清楚知道簽些什麼才能做到。

# 哲學諮詢師自述

## 王子球

一個在香港土生土長、喜歡哲學的家庭醫生。

是為自序。

## 李孟霙Be

天生本是左撇子的我小時候被教導必須要用右手，為著生活可以更方便。在這樣的氛圍下成長，小時候便學習了以發展理性去迎合別人的要求，但卻偏偏愈是理性愈是反叛，有天發現了自己好像是為了反理性而去學習變得理性。

從事精神復康輔導的工作多年，發覺自己感興趣的是人性。人性很引人入勝，有時候探究人性如走入迷宮、如凝視深淵，讓人感受萬千。哲學家們在這方面想得很多，在深淵面前縱使也被凝視亦可找某位哲學家或某套思想作伴。

常遊走於感性和理性之間，喜歡放空、健身和看貓過一天……覺得生活裏遇到問題只要繼續生活下去答案就會慢慢呈現，需要的是留著觸覺去看見。

## 何敏珊

「請介紹一下自己。」

「……」

「你是做什麼的？」

「……」

「在哪裏工作？」

「……」

以上是我這種做藝術的人常遇上的尷尬場面，尤其在衣香鬢影或家長指引的場合，誰的老闆、誰的叔父姑表、不知是誰的新朋友，一下子碰面通常都是這些問題。心裏的答案是「何謂『自己』？你指的『自己』是什麼意思？」，「『做什麼』的意思是哪方面的『做什麼』？」不知何時開始「在哪裏工作？」成為了一個人自我介紹的基本。職業能代表一個人的全部？當然明白這些都是社交人話。然而，哲學教懂了我認識這種慣常甚或固化的人話之中，其實存在很多哲理探討及詮釋的空間。

作為香港演藝學院電視電影學院藝術研究碩士優異生及香港中文大學哲學碩士畢業生，並在電影、廣告及藝術界別工作多年，經過哲學諮詢訓練後，有感此乃融匯貫通於藝術及哲學乃至日常交談人話十分重要的一步。至少對我來說，《哲學人話》中的哲學諮詢態度及理念，能減少許多日常社交的尷尬場面。

## 何紹源

初次接觸哲學是報讀中文大學哲學系哲學文學碩士課程，可以說是眼界大開，以及帶來不少的人生反思。因為自身曾經歷患病及離婚等等人生難關，深深體會到哲學對自己生命的啟迪。

及後更進一步參加哲學諮詢師的訓練，更明白到哲學不單純是學院裡的學問，而是可以切實協助解決眾多人生疑難和困惑，使人重新獲得人生方向。

成為哲學諮詢師，令我能結合自身的經歷和哲學的知識，體會到哲學諮詢怎樣去協助人解決人生的種種疑問，更能領略到哲學的趣味。

## 張銘豪Michael Cheung

一九九七年畢業於香港中文大學哲學系，二〇〇〇年取得中文大學哲學碩士學位。及後至二〇〇八年曾任職不同的商業機構，二〇〇九年後創立有關滑雪、環保及玩具的公司。二〇一四年有感於人生短暫，頓覺理想和生命意義的追尋更為重要，毅然棄商重投普及哲學教育。二〇一五年獲得「美國哲學諮詢師協會」（APPA）的註冊執業哲學諮詢師（Certificates for Philosophical Counselors）專業資格。現於香港恆生大學（HKHSU）、香港理工大學專業及持續教育學

院（CPCE）、明愛專上學院（CIHE）和香港大學專業進修學院（HKUSPACE）擔任兼職講師。任教的哲學課程包括：批判思考、形上學、知識論、倫理學、社會政治哲學及哲學諮詢等。他亦在香港實踐哲學學會（HKPPS）和香港哲學諮詢師協會（HKPPA）舉辦多個有關基礎哲學、哲學輔導課程和「香港哲學諮詢師執業專業證書課程」。二〇一九年曾任《良友之聲樂鋒報》兒童哲學的專欄作者；著作有《思考攻略》（合著）。

多年來致力於普及哲學，曾擔任新城電臺節目「解憂茶水間」客席主持、香港電臺節目「漫遊百科」主講嘉賓、香港中央圖書館哲學講座主講嘉賓，以及香港都會大學「自在人生自學計劃—基礎批判與邏輯思考」主講嘉賓等等。公開講座的題目涉及「多元主義與現代性」、「馬克思論『平等』」、「社群主義的公正觀」、「哲思劇場之《七個猶太小孩》」、「解憂哲學」、「在關係中的自我」、「問世間情是何物？」及「哲學與酒」等等不同的普及哲學題目。

除此之外，他亦是香港實踐哲學學會創會成員及現任董事；並於二〇一八年，有志於向大眾推廣哲學諮詢的理念，故與一班志同道合的哲學人，創立香港哲學諮詢師協會（Hong Kong Philosophical Practitioners Association），現為該會的董事和行政總監。他致力帶領哲學諮詢的專業發展，務求成為一個被社會人士和政府廣泛認識和認可的專業資格；亦盼望協會能成為香港乃至亞太地區的哲學諮詢專業領導團體，令更多人得到心理輔導之外的解惑途徑，重獲幸福人生（well-being）。

## 盧杰雄博士

盧杰雄博士，一九八九年、一九九二年和二〇〇〇年分別獲得香港中文大學哲學甲等榮譽文學士、哲學碩士和哲學博士。二〇一一年加入香港中文大學，現為香港中文大學哲學系高級講師。此前，他從一九九六年至二〇一一年任職香港嶺南大學哲學系助理教授。盧博士專長於思方學、倫理學、社會政治哲學、中國哲學，曾發表多篇學術論文於《哲學評論》、《哲學雜誌》、《論證》、《東方道德研究》、《外國哲學》、《哲學門》各學術期刊，著作有《思考攻略》(合著)、《批判思考》(合著)。

盧博士是香港實踐哲學學會創辦人，也是董事會主席，香港哲學諮詢師協會榮譽顧問，美國哲學哲學諮詢師協會認證哲學諮詢師。另外，他曾擔任香港電臺節目「街頭哲學」主持、「講東講西」客席主持、網臺 Open Radio 節目「港人哲講」主持，新城電臺客席主持，多年來致力於普及哲學諮詢。

## 謝世杰博士

「以哲人之睿智，過幸福的人生。」

「人生路上，不論背景地位，無關年齡性別，同樣要經歷甘苦順逆，得失生死。面對困局，世人或憑個人經驗與感覺應對，或求助他人，甚或稱『病』以釋懷，然皆非究竟之法。

其實，只須聆聽哲人智慧，學會審視人生，反躬自省，

便能過自覺自主，幸福快樂的人生。」我深信哲人之睿智是
解惑的良方，是覺悟的因緣。多少年來，我孜孜堅持的，便
是向世人宣揚這些信息。


Alfred Tse

謝姓，名世杰、字旭、號玄哲

哲學博士、文學碩士

香港中文大學文哲學系兼任講師

香港大學專業進修學院兼任講師


香港哲學諮詢師協會（HKPPA）創會會長

香港實踐哲學學會創會理事及行政總監

哲道教育基金及哲道道場創辦人


私募基金及上市公司哲學及易經顧問

香港哲學諮詢師協會（HKPPA）註冊執業哲學諮詢師

美國哲學諮詢師協會（APPA）註冊執業哲學諮詢師